崔誠姫《チェ・ソンヒ》

女性たちの韓国近現代史

開国から「キム・ジヨン」まで

慶應義塾大学出版会

女性たちの韓国近現代史——開国から「キム・ジヨン」まで

はじめに

大学で歴史に関連する授業をするとき、初回ガイダンスで学生に必ずする質問がある。その質問は次のとおりである（便宜上、大阪の大学での質問という設定）。読者の皆様もこの質問の答えを考えてみてほしい。

質問：今から配る用紙に歴史上の人物を三名書いてください。国や時代は問いません。ただし存命中の人物、現在放送しているＮＨＫ大河ドラマの主人公、大阪で最も有名な人物といえる豊臣秀吉は除きます。

読者の皆様が選んだ三名はどのような人物だっただろうか。この質問には二つ目的がある。一つは学生の歴史に対する知識・関心を問うことである。集計を出すとたいてい戦国大名が多くなる傾向があり、次いで日本やアメリカの政治家となるケースが多い。これはおそらく大河ドラマやニュースの影響といえる。そして戦国大名は全員が、政治家はほとんどが男性なのである。

もう一つの目的は、第一の目的から明らかになった結果を示し、名前が挙がった人物がほとんど男性であることを可視化することにある。集計を取ったあと「この集計から何か気づくことはないか」と聞くと、「男性ばかりである」と答えてくれる学生が一〜二名はあらわれるが、多くはそのことに気づいていない。

受験生の必須アイテム『日本史用語集』(山川出版社)、『世界史用語集』(山川出版社)は歴史用語や人名の重要度を示すため各教科書に掲載されている頻度を数字で示しているが、高頻度の女性は日本史・世界史とも非常に限られている。女性に関連する歴史用語も似たような状況といえる。これらは男性中心の社会が歴史的に展開し、語られてきたことを示している。

朝鮮半島の歴史もまた男性中心に述べられてきた。たとえば世界記録遺産に登録されている歴史書『朝鮮王朝実録』は国王の一挙手一投足が詳細に述べられているが、それに比べ王妃や王女たちの記録はほんのわずかである。近現代に入ると女性が歴史上で目立ち始めるが、朝鮮の開国、植民地支配とそれへの抵抗、南北分断と朝鮮戦争、独裁政権などのキーワードとともに語られるのは、やはりほとんどが男性なのである。

近年、このような男性中心の歴史に異を唱えるかのように、女性・ジェンダーに着目した歴史研究/歴史叙述が世界中で増えている。これは、そこにいたはずの人たちに着目し、「可視化」するための作業といえるだろう。本書もこのような問題意識を出発点とし、朝鮮半島の近現代の歴史を女性中心に述べている。

一九世紀末からの朝鮮の開国と近代化は、国家の危機を迎えた朝鮮社会の目まぐるしい変容を示すと同時に、これまで家の中に閉ざされていた女性が「外」に出る契機をもたらした。二〇世紀の朝鮮の植民地化は、儒教思想にもとづいた男尊女卑に加え、植民地の女性としての新たな「役割」が付与されることになった。同時に植民地支配は朝鮮人女性をさまざまな要因で、日本やアメリカなどのさらなる「外」へ向かわせた。そして二〇世紀は女性たちが「支配」や「独裁」と戦った時代でもあった。さらに、近現代は朝鮮の女性たちが教育の機会・社会進出の機会を得られた時代でもあり、それゆえ戦い、悩み、葛藤した時代でもあった。女性たちの戦い、悩み、葛藤は今も続いている。本書はこのように歴史から見えなくなってしまった朝鮮半島の女性たちを「可視化」し、今もなお不可視化される女性たちがいることを問うためのものでもある。

本書のメインタイトルは『女性たちの韓国近現代史』である。本来ならば韓国近現代史ではなく朝鮮近現代史とするべきかもしれない。しかし一九四五年以降の叙述が大韓民国中心になっていること、現代の大韓民国から振り返って近現代を見つめるという意味も込めて、このタイトルとした。なおタイトル・本文では略称の韓国を用いている。朝鮮民主主義人民共和国については、共和国、DPRK、朝鮮などさまざまな略称があるが、便宜上日本のメディアや教科書で用いられている北朝鮮を使用している。

また本書はなるべく平易な文章でわかりやすく書くように心がけた。各章の終わりにはコラム欄も設けて、女性たちの歴史に関するドラマ・映画などを紹介している。巻末の参考文献はなるべく手に取りやすいものを選んでみた。これらを活用し本書を通じて韓国近現代史と一緒に、ドラマや映画も楽しんでいただければ幸いである。

女性たちの韓国近現代史　目次

中華人民共和国
豆満江
白頭山
咸鏡北道
ウラジオストク
清津
両江道
鴨緑江
慈江道
咸鏡南道
丹東
新義州
平安北道
咸興
平安南道
元山
朝鮮民主主義人民共和国
平壌
江原道
軍事境界線
黄海北道
黄海南道
京畿道
春川
江原道
ソウル
仁川
水原
清州
天安
忠清北道
忠清南道
慶尚北道
大田
大韓民国
大邱
全州
全羅北道
慶尚南道
光州
釜山
全羅南道
木浦
日本
対馬
福岡
済州島
朝鮮半島と周辺地図

第一章　近代と出会う女性たち
――朝鮮の開国

朝鮮の近代は一九世紀末の「開国」から始まる。朝鮮王朝が開かれた一三九二年以来、朝鮮は明・清との朝貢関係を維持し、鎖国体制を敷いていた。ユネスコ世界記録遺産にも登録されている朝鮮通信使を通じてのみ、外国＝日本と交流していた。本章では近代を迎えた朝鮮で、妃《きさき》たちの姿から見る朝鮮女性の変化を追っていく。

1　王妃閔《ミン》氏とその時代

孤独な王妃

一九世紀に入り五〇〇年近くも体制を維持してきた朝鮮王朝に陰りが見え始めた。王朝に直系の後継者が生まれず、王族から「養子」を迎え何とか体制を維持していた。これはとても不思議なことだが、他のアジアやヨーロッパでもほぼ同じ時代に似たような後継者問題が発生している。後継者問題は王朝の維持に影響を及ぼすだけではなく、王族や臣下の権力対立を招くことにもなる。

一八六三年、朝鮮王朝第二六代国王・高宗《コジョン》が即位した。先代の王である哲宗《チョルジョン》には子どもがいなかったため、傍系の出身である高宗が国王になった。即位当時、高宗は一一歳になったばかりで、父親の興宣大院君《フンソンテウォングン》が実権を掌握していた。大院君とは国王の実父に与えられる称号である。

朝鮮王朝では長い間、王妃の外戚が権力を握っていた。朝鮮では門中《もんちゅう》と呼ばれる同姓一族の結束が強く、娘を国王に嫁がせることで王朝の主要ポストを独占していた。これを勢道政治といい、安東金《アンドンキム》氏がその中心にいた。強力な外戚の後ろ盾がない高宗の即位には、安東金氏一族の勢力を抑えたい王室のゴッドマザー・趙《チョ》大妃（高宗の二代前の王、憲宗《ホンジョン》の母）の思惑もあったといわれている。

新たな国王が即位した朝鮮王朝は、早急に王妃を迎える必要があった。王妃として選ばれたのは、大院君夫人の一族閔氏の娘であった。名前は茲暎《ジャヨン》と伝えられているが、正確な名前はわかっていない。当時の朝鮮ではよくあることだが特権階級の両班《ヤンバン》であっても、女性の名前はわからないことが多い。玆暎、のちの王妃閔氏は一八五一年に生まれた。早くに父を亡くし、母と親族から後継ぎとして養子に来ていた義兄とともに育った。父親も有力な親族もいないことが、王妃に選ばれた理由ともいわれている。

閔氏一族はソウル近郊の驪州《ヨジュ》を拠点とし、多くの土地を所有していた。朝鮮王朝三代目の王・太宗《テジョン》、一九代目の王・粛宗《スクチョン》の妃も閔氏の出身である。とくに粛宗妃は『張禧嬪《チャン・ヒビン》』や『トンイ』などのドラマに登場しており、日本でもなじみのある仁顕《イニョン》王后である。

高宗と玆暎の婚礼は一八六六年におこなわれ、ここに王妃閔氏が誕生する。しかし、高宗にはすでに寵愛する側室がおり、王妃は孤独な日々を過ごしていた。一八六八年には側室に王子・完和君《ワヌアグン》が生まれ、舅《しゅうと》である大院君は完和君をとても可愛がった。一八七一年、王妃に待望の王子が生まれるが数日後に亡くなり、完和君を後継者と考える者たちも増えていった。完和君を可愛がり自分を無視するような態度をとる大院君に対して王妃は反感をおぼえ、二人は次第に対立していく。

孤独な時間を王妃は読書に費やした。当時の名著とされていたものはほとんど読んでいたといわれている。当時の朝鮮の書物はほぼ漢文であり、漢文文献は主に男性が読むものだった。多くの女性は読み書きができず、できたとしてもハングルだけという場合が多かった。そのようななかで漢文の文献を読み、世界情勢を学んだ王妃の知識は、のちに彼女と朝鮮の運命を変えることになる。

外国からの「干渉」と朝鮮王朝

さて、この時期の朝鮮王朝はどのような状況に置かれていたのだろうか。周辺国に目を向けると、清はアヘン戦争・アロー戦争で敗北し、上海などの港の開港や香港の割譲をはじめとする不平等条約を締結した。その後、日本もペリーの黒船来航により、長らく敷いていた鎖国体制から「開国」を迎え、清と同じく欧米とむすんだ不平等条約に基づく開港・領事駐在権などを認めることとなる。

朝鮮にも欧米勢力の手が伸びてきた。アメリカ船のジェネラル・シャーマン号は一八六六年朝鮮西海岸から大同江《テドンガン》へ入り、平壌《ピョンヤン》付近にまで侵入した。このとき、朝鮮の民衆は異様船と呼ばれた外国船に臆せず戦い、ジェネラル・シャーマン号は沈没した。この事件を丙寅洋擾《へいいんようじょう》という。それから五年後の一八七一年、アメリカはジェネラル・シャーマン号沈没の責任を問うため朝鮮西岸の江華島《カンファド》から侵入するが、またしても撃退される。短期間で朝鮮は二度もアメリカの侵入を受け、軍事衝突が起きたのである。外勢に果敢に立ち向かい軍人たちを鼓舞したのは、高宗の父・大院君であった。

朝鮮王朝では長いあいだ文官が権力を握り、武官つまり軍人たちは冷遇されていたため、不満を抱いていた。大院君は従来の権力者とは違い、軍人たちを優遇し彼らから支持を得ていた。周辺国の状況や朝鮮の「国難」により、大院君の軍人優遇に正当性が与えられたともいえよう。

一方この時期、高宗は成人し、いつまでも父親が実権を掌握していることに対して不満を抱いていた。とはいえ高宗一人では大院君や彼を支持する勢力を圧倒できるはずがない。ここで頼ったのが王妃とその一族であった。高宗から必要とされた王妃は、書物から得た知識、親族から得た情報などをもとに、高宗を補佐し大院君追放に成功する。高宗の親政は一八七三年から始まり、翌一八七四年に王妃は朝鮮王朝最後の国王となる王子・坧《チョク》、のちの純宗《スンジョン》を出産する。

大院君追放に成功した高宗と王妃は、側近を閔氏一族で固めた。また、男子を出産したこと、側室が先に産んだ王子がいたものの坧が清国により正式に王世子《おうせいし》（王位第一継承者）として認められたことも追い風となった。王妃が男子を産むこと、それこそが女性の地位を守ることにつながっている。

閔氏一族による政権掌握のすぐのち、朝鮮はふたたび外敵の襲撃を受ける。一八七五年江華島に日本の軍艦雲揚号が侵入した。朝鮮側は直ちに砲撃をおこなうが、これを機に日本は朝鮮に砲撃の責任を求め、その補償として、朝鮮に開港と領事裁判権などを定めた不平等条約の締結を迫った。この条約は日朝修好条規（一八七六年）と呼ばれ、締結内容は皮肉にも、かつて日本が欧米から突き付けられたものとよく似ていた。また、日本と同じく朝鮮もこの条約をきっかけに鎖国から開国へと変化する。朝鮮の開国は清国にとっては朝貢国を失いかねない状況を招くことでもあった。清を中心とする東アジアの秩序の崩壊の足音が近づいていた。

江華島事件以後、王妃や閔氏一族は開化政策に舵を切った。明治維新に倣《なら》い、近代的な改革をおこなおうとしたのである。開化派の官僚を登用し、若手の官僚を日本へ視察に向かわせるなどの政策を実施した。日本としても朝鮮が開化の方向へ向かうことは好都合であったため、開化政策を支援した。

しかし、軍人への給与未払い、軍人へ支給される米の不正などがあり、軍人たちの不満は高まっていった。閔氏一族に反発する軍人らは、閔氏と対立し開化に反対する大院君を担ぎ上げ、一八八二年にクーデターを起こした。これを壬午《じんご》軍乱という。

軍人たちのターゲットは王妃だった。軍乱の知らせを受けた王妃は、軍人たちの狙いが自分にあることを察した。朝鮮王朝では王妃と面会できる者は限られており、たとえ親兄弟であっても王宮に立ち入ることは容易ではなかった。そのため王妃の顔を知る者は軍人の中にいなかった。王妃は宮女の衣装を着て、見事王宮からの脱出に成功した。

王宮を脱出した王妃は親族である閔応植《ミン・ウンシク》に匿《かくま》われたが、親族の閔謙鎬《ミン・ギョモ》は殺害され、甥の閔泳翊《ミン・ヨンイク》は重傷を負った。瀕死の甥を治療したのは、アメリカ公使館付きの外交官であり宣教師でもあったアレンだった。王妃は閔泳翊を大変可愛がっており、甥の命を助けてくれたアレンの医術に感服した。朝鮮王朝の侍医たちが施す韓医学ではとうてい助からなかった甥の命を、近代の象徴ともいえる西洋医学が救ったのである。西洋医学との出会いは、王妃閔氏がいわゆる近代と出会った瞬間だったともいえる。

軍人たちの矛先は王妃のみならず、朝鮮での開化を進めようとする日本にも向いた。日朝修好条規により、都の漢城《ハンソン》（現ソウル）には日本公使館が設置されたが、軍人たちは公使館を包囲し火を放った。

閔氏政権と甲申政変

壬午軍乱を逃れた王妃が頼った先は、清国だった。先述のように朝鮮は清に朝貢する属国だったが、日本や欧米による干渉が続き朝鮮と諸外国との間で条約が結ばれていったため、清は宗主国としての地位が揺らぎ始めていたのである。清は朝鮮を失わないためにも王妃の救援要請を受け朝鮮に出兵し、大院君を清へ連れ去り天津に幽閉した。これにより壬午軍乱は終結する。王妃は壬午軍乱をきっかけに、清への依存を強めていくことになる。

この時期の朝鮮の政治体制は、開化を推し進める開化派、従来の朝鮮王朝の伝統を守ろうとする守旧派と大きく二つに分かれていた。守旧派は追放された大院君を支持していた。一方、開化派は金玉均《キム・オクキュン》・朴泳孝《パク・ヨンヒョ》ら若手の官僚を中心とする急進開化派と、閔氏一族と金弘集《キム・ホンジプ》らによる穏健開化派とにさらに分かれていた。急進開化派はその名のとおり、清国との朝貢関係を解消し、高宗を中心にして内政改革を進めていこうという主張であった。穏健開化派は清と協調しながら改革を進めていこうという主張であった。このようにめざすところは同じ開化ながらも、両者は急進と穏健という相容れない関係にあった。

急進派と穏健派の対立は、徐々に深まっていった。内政改革さらには立憲君主制をめざす急進派にとって、王妃は排除するべき存在になっていった。両陣営の対立が続くなか、朝鮮王朝は改革の一環として、一八八四年に郵便業務を扱う郵逓局《ゆうていきょく》を開いた。開局祝いには閔氏一族の閔台鎬《ミン・デホ》、閔《ミン・》泳穆《ヨンモク》らが参加する予定であり、急進派はこのタイミングでのクーデターを決行する。金玉均・朴泳孝を中心とする急進派は前記の二名を殺害し、日本公使館付きの軍隊も急進派のクーデターを支援した。急進派の最終的なターゲットは王妃であったが、ここでも王妃は王宮を脱出し命をつないでいる。

王妃殺害には失敗したものの、王妃不在の王宮では急進派による政権が樹立された。ここでは、高宗を中心とする立憲君主制、官僚制度の改革、身分制度の廃止などの改革政策が発表された。新政権は、立憲君主制を宣言したことにより、将来的な議会設立も視野に入れていた。そして、朝鮮で立憲君主制を実現することは、すなわち清国からの「独立」を意味していた。

窮地に立たされた閔氏一族は清国に支援を求めた。清にとっても独立と立憲君主制の樹立を宣言する急進派政権は、認めることができなかった。清国はクーデター鎮圧のため朝鮮に軍隊を派遣する。日本公使館付きの軍隊は清国との対立を防ぐため撤退し、急進派の政権はたった三日で倒れた。このクーデターを甲申政変という。

甲申政変の中心人物であった金玉均・朴泳孝らは日本へ亡命し、金玉均はのちに中国へ渡り上海で暗殺された。朴泳孝は長年日本で生活し韓国併合後、朝鮮へ帰国した。朴泳孝の孫娘はのちに高宗の孫と結婚することになる。この話についてはあとで触れたい。

急進派政権を抑えた閔氏一族と清国はふたたび息を吹き返した。一八八五年には清国の意向もあり、大院君が朝鮮へ帰国した。王妃は大院君暗殺をもくろむも失敗に終わるが、大院君の権力掌握を防ぐことには成功した。クーデターの鎮圧、大院君の再登場を防いだことにより、閔氏政権は朝鮮内で強固な政治基盤を築いていった。

しかし、クーデターに失敗した急進派の残党や、朝鮮での影響力を強めたい日本は、巻き返しの機会を狙っていた。巻き返しを図り、彼らの思惑どおりの世の中を作るためには、やはり王妃を排除する必要があった。

日清戦争と甲午改革

国難が続く朝鮮であったが、国内の情勢も不安定だった。官僚の腐敗があちこちで見られるようになり、民衆の不満はたまっていった。王妃とその一族に牛耳られる朝廷、日本・清そして西洋からの干渉、民衆の心は国王・高宗から離れつつあった。

このようななか、一八六〇年に崔済愚《チェ・ジェウ》を教祖とする宗教・東学が創設された。東学は崔済愚の出身地である慶尚道《キョンサンド》から全羅道《チョルラド》・忠清道《チュンチョンド》へと広がった。東学は外国の干渉、開化を進める政府、キリスト教、つまり「西」に対抗するものとして、「東」を前面に出したともいわれている。朝鮮の朝廷は東学を危険とみなし、一八六四年に崔済愚は王命により処刑された。

教主の処刑により存続が危ぶまれた東学だったが、徐々に民衆に浸透していった。苦しい生活に加え、腐敗した官僚への不満は尽きることがなく、一八九四年ついに農民は蜂起する。これを甲午農民戦争、または東学農民革命ともいう。

農民軍は当初劣勢であったが次第に勢いを増し、全琫準《チョン・ボンジュン》の指揮のもと都の漢城付近にまで迫った。朝鮮の軍勢だけで鎮圧しようとしたものの、これでは埒が明かないという状況になり、政府は清国に鎮圧を要請した。甲午農民戦争は日本の新聞でも報道され、日本軍は居留民保護を名目に朝鮮に出兵する。

日清両国の軍隊により甲午農民戦争は鎮圧されるが、これをきっかけに両国は朝鮮での権益をめぐり戦争となる。甲午農民戦争の同年、つまり一八九四年に勃発した日清戦争はここに始まる。戦争の勃発した年と名称に隠れてしまっているが、この戦争は朝鮮が争いの核であり戦場にもなっている。

当初、閔氏一族と協力しながら改革を推し進めていた穏健派は、この頃、王妃と閔氏一族への不満を募らせていた。日清戦争で勝利した日本が朝鮮への影響力を高めており、日本側としても清国寄りの閔氏一族が目障りでもあった。こうして両者の利害は一致し、大院君を擁立して金弘集を中心とする政権を立てる。

穏健派は政権を掌握した一八九四年から一八九五年にかけ、さまざまな改革をおこなった。この改革を甲午改革という。この改革のなかから、女性に関係するものを挙げてみよう。

早婚の禁止
人身売買の禁止

寡婦の再婚を認める
新式教育の開始

以上のことなどがある。しかし慣習として早婚は残り、人身売買も絶えずおこなわれていたが、政府が公式に「禁止」を宣言することは、これまでの朝鮮ではありえなかった。また、「二夫にまみえず」というのがこれまで女性の美徳とされ、寡婦となった女性は貧困にあえぐ場合が多かったが、再婚が認められ再婚により貧困を免れる女性もいた。しかし慣習として再婚が認められないケースは多々あった。新式教育の開始については、次の項で語ることにしたい。

このようにまだまだ改善の余地があるとはいえ、男性中心であった朝鮮社会が女性の利益に目を向けた政策を公的に打ち出すことは、まさに「改革」といえよう。近代の訪れが女性と社会を結びつけたのだ。

王妃閔氏の死――乙未《いつび》事変

不利な状況に追い込まれた王妃や閔氏一族は、巻き返しを図ろうと画策した。日清戦争に敗北し弱体化していく清国はもはや頼るに値しない。新たに王妃が支援を求めたのは、ロシアだった。ロシアは沿海州が朝鮮と国境を接しており、軍事目的から不凍港の必要性を痛感していた。また、中国東北地域での影響力を強めたいとも考えており、朝鮮とのつながりはロシアにとっても必要であ

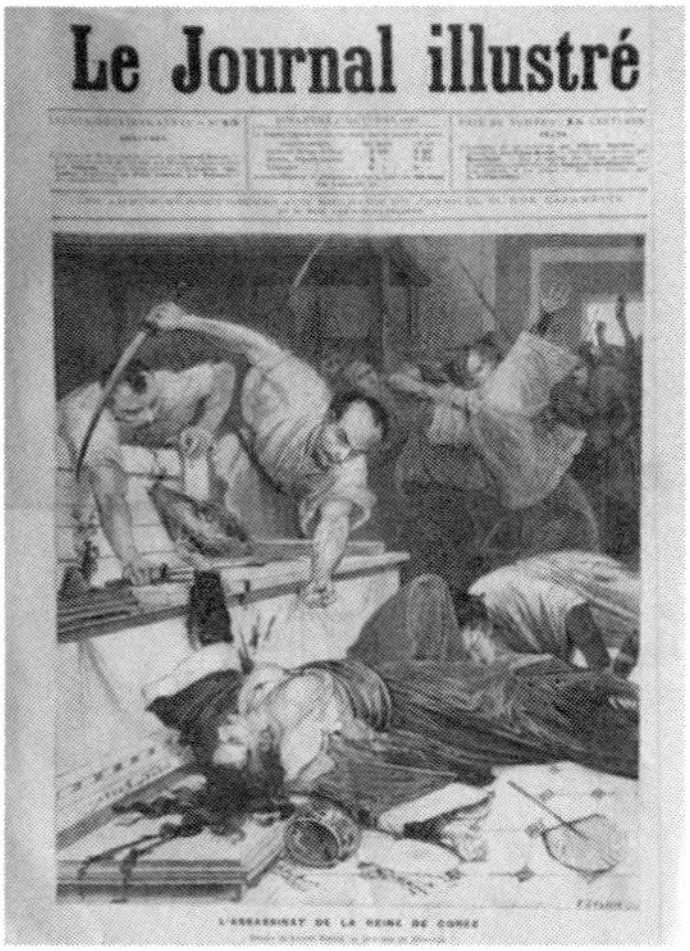

図1−1　王妃閔氏の殺害を報じるフランスの新聞（『ル・ジュルナール・イリュストレ』表紙）

った。ロシアの支援を受けた閔氏一族はふたたび巻き返し、大院君・穏健派との対立を深めていく。

大国ロシアの支援を受けた王妃と閔氏一族は大院君一派と日本にとって脅威となった。政権から引きずりおろしても、支援を受ける国を変え舞い戻ってくる。王妃を排除すれば閔氏一族は烏合《うごう》の衆《しゅう》である、とでも考えたのだろうか。大院君一派と日本は王妃暗殺を決意する。

一八九五年一〇月八日午前三時、日本軍守備隊、領事館警察官、大陸浪人、朝鮮親衛隊などが景福宮《キョンボックン》に侵入する。目標は王妃閔氏である。これまで何度も暗殺の手から逃れていた王妃であったが、天に見放されたのだろうか、ついに侵入者の手にかかり殺害されてしまった。享年四三歳だった。この王妃殺害事件を乙未事変という。

王宮への侵入を指揮したのは、日本公使の三浦梧楼《ごろう》であった。当初、事件を隠ぺいするつもりであったが、ロシア人とアメリカ人が高宗付きの技官として王宮に逗留しており、事件を目撃していた。事件はフランスでも報道され国際問題にまで発展したが、朝鮮の民衆には王妃の殺害は隠し通されていた。

一国の王妃を外国人が殺害した事件は波紋を広げ、明治政府も裁判をおこなわないわけにはいかなくなった。しかし、証拠不十分で指揮官の三浦梧楼は無罪となる。一方、王妃殺害に関与していた禹範善《ウ・ボムソン》らは、王命により処刑が命じられるが、すでに日本に逃亡しており処刑は実行されなかった。しかしのちに禹範善は暗殺される。二〇二一年には外交官の堀口九萬一《くまいち》が王妃殺害の経緯を記した書簡が発見され、話題となった。この書簡の発見により日本の関与が明確となったのである。

王宮でおとなしく過ごしてきた従来の王妃とは異なり、国王の存在をかき消すほどの政治手腕を発揮した王妃閔氏については、日本・清・ロシアと強国の保護を求めた事大主義者という評価が多い。しかし、この評価は男性だけの領域で女性が存在感を示したことへの拒否感によるものといえないだろうか。王妃の死後、ふたたび権力を掌握した大院君、朝鮮への影響力を高めていく日本が、自らの正当性を高めるためにも、王妃=悪という構図を作ったとも考えられないだろうか。

真の王妃閔氏の姿を私たちは知ることはできない。しかし、女性として政治の場にあらわれ、朝鮮の開国、外国との交渉という近代を象徴する場に、王妃がいたことは間違いない。人生のほとんどを王宮で過ごした王妃は、近代と出会った女性の一人でもあった。

2　開港後の朝鮮と女性

大韓帝国の成立と終焉

王妃閔氏の死後、高宗はロシアを頼った。自身の住居である王宮で王妃が殺害されたことで、高宗は自分の命も狙われるとでも思ったのだろう。ロシアは高宗と王太子らをロシア公使館で保護した（露館播遷《ろかんはせん》）。朝鮮への影響力を高めたいロシアにとっても、高宗が公使館にいることは好都合であった。

王宮に国王が戻らないなか、一八九七年に朝鮮は大韓帝国建国と国号を改めた。高宗は王から皇帝となり、清国からの「独立」を宣言する。これにはロシアの思惑もあったとされ、親露派による政権が作られた。高宗の皇帝即位により、亡くなった王妃閔氏は皇后となり死後の称号として明成皇后の諱《いみな》が与えられた。なお、教科書で用いられている「閔妃」はあくまでも通り名であって、朝鮮王朝・大韓帝国どちらにおいても正式な呼称ではない。

これまでの朝鮮では王妃が国王よりも先に亡くなると、後妻として新たな王妃を迎えていた。高宗もその慣例に従い新たな正妃を迎えることもできたが、皇后を立てることはせず側室の厳氏《オム》を寵愛した。厳氏はもともと王宮の女官であり高宗の手が付いたが、明成皇后の嫉妬により王宮を追放され、乙未事変後に高宗のもとに呼び戻された。一八九七年には高宗との間に男子が生まれた。その男子がのちに梨本宮方子と結婚する李垠《イ・ウン》である。厳氏は側室としては最高位の貴妃の位を与えられ、純献貴妃と呼ばれた。

朝鮮は帝国になったとはいえ、日本・清・欧米から干渉を受ける状況はそのままだった。とくに日本は日清戦争に勝利したのち朝鮮への影響力を強めていった。朝鮮から中国東北地域、さらにはロシアへと権益を広げたい日本と、中国東北地域と朝鮮への権益を広げたいロシア、両国の対立は必然となった。

両国の対立は戦争へと拡大する。一九〇四年勃発の日露戦争である。戦争を進める過程で、日本は朝鮮を支配下に置くための土台を築いていく。日露戦争のさなかに日韓議定書・第一次日韓協約に調印、これにより日本による朝鮮への内政干渉が可能となる。日露戦争は日本の勝利に終わり、一九〇五年講和条約としてポーツマス条約が締結される。これにより、ロシアは大韓帝国に対する日本の支配を容認することとなる。

図１－２　純献貴妃厳氏

高宗皇帝は、日本の内政干渉そしてポーツマス条約に不満を抱き、欧米各国へ支援要請の密使を送った。国の危機を回避するため外国へと支援を求めるさまは、かつて王妃閔氏が一族を守るためにとった行動を思い起こさせる。しかし、高宗の密使派遣は日本に発覚し、日本は高宗への不信感を高めることとなる。

高宗への不信感は日本の大韓帝国への影響力をさらに強める結果となった。一九〇五年第二次日韓協約が締結され、大韓帝国は外交権を失う。当初、高宗は協約締結を断固拒否していたが、朝鮮半島問題を担当していた伊藤博文は、高宗と面会し協約に調印するよう求めた。さらに、閔氏一族退陣後、政権の中心にいた李完用《イ・ワニョン》（高宗の親族）は日本寄りの政策をとっていた。彼も説得に加わるが高宗は協約への調印を拒否し続けた。しかし、最終的に高宗は第二次日韓協約に調印する。調印に至るまでに、高宗は日本軍によって監禁され、圧力をかけられたともいわれている。

第二次日韓協約締結により、漢城に統監府が置かれた。伊藤博文は初代統監として、大韓帝国の内政・外交を掌握した。内政だけではなく、外交権までもはく奪された大韓帝国は、もはや名前のみの国家であった。清国からの独立を高らかに宣言した大韓帝国は日本の保護下に置かれ、またしても独立国としての地位を保てなくなってしまった。

第二次日韓協約に調印はしたものの、高宗は日本への反発を強めていった。一九〇七年オランダのハーグで万国平和会議が開催されることを知った高宗は、三名の密使を派遣する。大韓帝国の現状を、欧米諸国に伝えることで事態を解決しようとしたのである。しかし、大韓帝国が日本の保護国であり外交権を失っていることは欧米諸国に周知されており、大韓帝国は万国平和会議への参加を認められなかった。途方に暮れた三名の密使は会場付近でビラを配る程度のことしかできなかった（ハーグ密使事件）。

このような行動は当然、日本の知ることとなり、高宗は強制退位となった。命は保っているものの、王妃閔氏と同じく、日本によって「排除」されたといえよう。

第二代の皇帝には、王妃閔氏が産んだ純宗が即位した。純宗は生来病弱で気が弱かったため、日本にとって彼の即位は好都合でもあった。純宗の即位により日本は朝鮮支配を着々と進めていった。一九〇七年には第三次日韓協約を締結、これにより大韓帝国は軍隊を解散し、朝鮮の治安・安保は日本の軍隊がおこなうこととなった。また、日本人官吏を任用し、政権の中枢・主要ポストは日本人が占めた。大韓帝国の処遇をめぐって、日本の政界は保護国維持と併合とに分かれた。のちに朝鮮人青年・安重根《アン・ジュングン》に殺害される伊藤博文は、保護国維持派であったといわれている。結局、第二次桂太郎内閣により大韓帝国「併合」が一九〇九年に承認され、一九一〇年八月二二日「韓国併合に関する条約」が締結された。

韓国併合によって大韓帝国は消失し、大日本帝国の一地域である「朝鮮」となり、「外地」として朝鮮総督府が統治をおこなった。朝鮮総督は天皇より直接任命され、朝鮮における全権を掌握した。この植民地統治は一九四五年八月一五日まで続くこととなる。

伝統から近代へ――女子教育の登場

韓国併合から時代を少し遡ろう。先述のとおり、開港後の朝鮮はさまざまな近代化政策を実施していった。そのなかの一つに教育の改革があった。

朝鮮王朝は儒教を重視し、科挙制度による官僚の登用をおこなっていた。支配階級の両班は血統ではなく、科挙合格により維持されるシステムであった。もっとも科挙に合格するには教育費と時間がかかるため、一部の家門が合格者を占める状況ではあった。それゆえ、朝鮮王朝における教育とは科挙合格に必要な儒教の経典、つまり漢籍を学ぶことであった。男性中心の教育システムは女性に向くことはなく、女性は教育を受ける機会を与えられなかった。

しかし、開港による西洋との出会い、日本の明治維新などの影響により、朝鮮においても科挙中心の教育ではなく国民皆教育、漢文教育ではなく朝鮮語教育、教育の近代化が論じられるようになった。先に触れた甲午改革では教育の体系化や近代学校の設立の必要性が論じられ、学部という教育をつかさどる官庁が設けられ、初等学校・中等学校・師範学校・外国語学校などの設立が定められた。一方、地方有志らも国家の危機を教育の力で乗り越えようと愛国啓蒙運動を展開し、各地に私立学校を設立し近代教育をおこなった。しかし、教育機関において近代に出会ったのは、当初は男性のみだった。政府も愛国啓蒙運動家も、まずは男性に新式教育をおこなうことを考え、女子教育の必要性には思い至らなかった。

では女子教育はどのように始まったのか。それは西洋宣教師らの手による。朝鮮が開国したことを契機に、キリスト教、とくにプロテスタント系の長老派と監理教（メソジスト）による宣教が各地でおこなわれた。各宗派は宣教と医療の普及、ミッションスクールによる教育を掲げていた。このような宣教師の活動は朝鮮ミッションと呼ばれ、信者獲得のための任務としての性格があった。

まず一八八五年、アメリカ人宣教師アペンゼラーによって培材学堂《ペジェ》、一八八六年にはアンダーウッドにより儆新学校《キョンシン》の前身となるアンダーウッド学堂が都の漢城に設立される。これらミッション系の新式学校では、漢文、英語、天文地理、生理学、数学、聖書を教育した。漢城以外では、平壌に光成学校《グァンソン》、崇実学堂《スンシル》が設立され、朝鮮各地にミッション系の新式学校が広がっていった。これらの学校はすべて男子校であった。なお、崇実学堂は朝鮮労働党総書記金正恩《キム・ジョンウン》の曽祖父金亨《キムヒョン》稷《ジク》が通ったといわれている。

図1－3　開校当初の梨花学堂（梨花歴史館所蔵）

つづいて宣教師らは女子教育にも着手した。

女子向けの近代学校の先駆は、韓国一の名門女子大である梨《イ》花《ファ》女子大学の前身、梨花学堂である。梨花学堂は、監理教系の女性宣教師メアリー・F・スクラントンによって一八八六年漢城に設立された。設立当初は朝鮮家屋を校舎としていたが、のちに現在のソウル市西大門区に移転した。梨花学堂という名は高宗が下賜した名称である。梨花学堂では「朝鮮人が朝鮮的なものに対し矜持を持つことを願う。キリストと彼の教訓を通じて完全無欠な朝鮮を作ろうと願うのである」（『梨花百年史』）という方針のもとで、教育がおこなわれた。

このほか、貞信女学校《ジョンシン》（一八八七年エルスによって設立、長老派）、カロリナ学堂（私立培花女学校の前身、一八九八年キャンベルによって設立）などが代表的なミッションスクールといえる。ミッションスクールは宣教師が設立した学校ではあったが、宣教師たちが朝鮮の事情に鑑み、宣教はもちろん、新式教育をおこなうとともに朝鮮民族としてのアイデンティティを保つことを教育の目的とした。

一方、この時期、男子向けの教育機関は官立・朝鮮人設立・ミッション系のいずれも、朝鮮各地に拡大していった。これまで儒教の経典を教えていた朝鮮の伝統教育機関・書堂《ソダン》でも、近代式の教育をおこなうところが増えていった。両班や地域の有力者だけではなく、地主や新興商人らの息子たちは、このような新式学校で学ぶ機会が与えられていった。日本や欧米に留学する者らも登場した。当初は男性にだけ与えられていた近代教育の機会であったが、男性が近代教育を受けたからこそ、女子教育の重要性を知り、女学校設立への動きにつながったこともまた事実だ。その中心となるのが貴妃厳氏とその一族である。

夫である高宗が朝鮮の伝統的な髷《まげ》を切り軍服を着用するなかで、貴妃厳氏も洋装し人前に登場するようになる。彼女は貴妃という立場で、いち早く近代に「出会う」のである。

厳氏が寵愛されることにより、当然実家の厳氏一族も高宗に取り立てられることとなる。大韓帝国の要職を務める厳氏一族であったが、閔氏一族とは異なり権力への執着はそれほどではなかったようである。

近代に出会った厳氏がおこなったことは、女学校の設立であった。一九世紀末から設立され始めた男子向けの教育機関に遅れること約一〇年、一九〇六年にはじめて朝鮮人の手、それも女性である厳氏の手により女子教育機関、明新《ミョンシン》女学校が設立された。高宗の妃が設立したということで、良家の女子向けの教育機関という性格が強かった。のちに淑明《スンミョン》女学校と改称し、現在も淑明女子大学として存続している。

ようやく女子が学べる施設が整ったが、ほとんどの学校は漢城に位置し、都心に住む上層のごくわずかな女性しか通えない状況だった。また、上層であっても家族の理解が得られず学校へ通えないということもあった。狭いながらも開かれた女子教育の門戸だったが、その門をくぐれた朝鮮女性は非常に少なかった。

伝統婦人から近代婦人へ

朝鮮王朝から大韓帝国となり、日本の保護国、そして植民地へと激変するなか、朝鮮女性、とりわけ既婚女性にとっても多くの変化が訪れた。

両班家の女性たちは主に家の中にいて、家事を取り仕切り、宗家の「嫁」たちは一年に何度もおこなわれる祭祀の準備や応対に追われていた。そのため外へ出ることや、門中の人たち以外と接する機会はほとんどなかった。かえって農作業や商売をする庶民の女性たちのほうが「外」に出て人と接していたといえよう。

これは明治維新後の日本も同じであったが、朝鮮が開国し外国との関係が築かれていくと、上層の女性たちに「社交」の必要が生じた。とりわけ、日本が朝鮮への影響力を高めていくなかで、統監や日本人顧問が配偶者を伴って朝鮮へ渡り、日本人女性と朝鮮人女性との「交流」が求められていくのである。

第二次日韓協約締結の一年後の一九〇六年、在朝鮮日本人女性を中心に愛国婦人会大韓帝国支部が設立される。設立にあたり朝鮮人女性を会員とすることを認めており、貴妃厳氏も日本人女性との交流を奨励していた。このような朝鮮人と日本人女性の「社交」は韓国併合後も続いていく。

貴妃厳氏は洋装の写真を撮らせているが、これは西洋式に変化することに困惑する朝鮮女性たちに「模範」を示そうとしたのかもしれない。夫の高宗も軍服を着用した写真を撮っているので、夫に従ったという点もあるだろう。朝鮮でキリスト教、とりわけプロテスタント信者が増えた理由の一つに、祭祀の伝統を認めつつも簡素化を奨励したことにあるといわれているが、上層の女性たちは教会を通じて西洋式の社交マナーを学んだともいえよう。いずれにせよ夫の社会的地位が、彼女たちを強制的に近代に出会わせたのである。

国王高宗、皇帝高宗を夫とする二人の女性、王妃閔氏と貴妃厳氏はそれぞれ異なる形で近代と出会った。王妃閔氏は宮廷の奥にいてただ座っているだけの存在から、外国を相手にする政治の場に登場し、最後は外国人の手によって殺害された。貴妃厳氏は高宗とともにロシア公使館へ赴き、朝鮮人女性が近代と出会う場を作り、自身もそのすがたかたちを「近代」に出会わせた。二人の妃たちは、朝鮮女性が近代と出会うきっかけを作り、そのきっかけは今もなお韓国社会に影響を与えている。

COLUMN　フィクションから見る歴史①

ドラマとミュージカルのヒロインとなった明成皇后

北条政子、日野富子、淀殿。この名を聞くと読者の多くは「悪女」というイメージを抱くのではないだろうか。日本では閔妃といわれている明成皇后もその生涯から「悪女」というイメージが強いといえる。韓国ではたびたび彼女の生涯がドラマとなり、ミュージカル化されてもいる。

ここ数年、韓国ではフェミニズムの興隆により、明成皇后に対する評価が変化している。日本でも韓国でもミュージカルの観客は女性が多い。『明成皇后』が韓国でたびたび上演されるのは、男性が描く「正史」を批判的にとらえ、王朝という儒教的・家父長的価値観に抗《あらが》い、賢く教養ある女性であった明成皇后に対する、現代女性たちの「共感」ゆえといえないだろうか。韓国ではミュージカル『エリザベート』も同様にヒットしている。王朝の伝統的価値観に立ち向かい、無政府主義者に暗殺されたオーストリア皇后に対し、明成皇后と同時代を生きた人物としてのシンパシーを感じているのかもしれない。

ドラマ『明成皇后』のキービジュアル

戦うヒロイン『ミスター・サンシャイン』のユン・エシン

ドラマ『ミスター・サンシャイン』DVDのジャケット

ネットフリックスで配信されている韓国ドラマ『ミスター・サンシャイン』（二〇一八年）は、本章で扱っている時期とほぼ同時期を舞台にしている。主演はイ・ビョンホンで、ヒロインのユン・エシンはキム・テリが演じている。エシンは両班家の深窓の令嬢でありながらも、外勢から朝鮮を守ろうと銃を持って戦う女性である。ただし、戦うときには男装し、女性であることを隠している。

エシンもやはり賢く、家父長制に抗う女性として描かれている。そして、本章にも出てくる梨花学堂をモチーフとした学校に通っているが、祖父や叔母たちにはそれを秘密にしている。「女性が学校へ通うなど、とんでもない」と反対されるためだ。

エシンは架空の人物であり、モデルとなるような歴史上の女性で思い当たる人物も存在しない。深窓の令嬢として男性に守られるだけのヒロイン像では、もはや視聴者に受け入れられないのであろう。韓国社会の変化はドラマのヒロインにも影響を与えている。

第二章　「外」へ飛び出す女性たち
――一九一〇〜三〇年代の朝鮮

一九一〇年、韓国併合により朝鮮は日本の植民地となる。都市部の朝鮮女性たちは日本や西洋の文化を取り入れ、京城の百貨店で資生堂や鐘紡《カネボウ》の化粧品を買い、新式教育を受けた女学生は菊池寛などの小説を好んで読んだ。高等教育機関に進学するために日本へ留学する女性も登場した。一方で朝鮮の女性たちは一九一九年に起きた三・一独立運動、一九二九年光州学生運動でも活躍し、朝鮮社会に存在感を示してもいた。本章では、朝鮮の女性たちが近代文化や近代教育を受け入れながらも、植民地支配と旧来の朝鮮女性像とのギャップに苦しむ姿を映しだす。

1　韓国併合と「李王家」の結婚

武断政治から文化統治へ

開港から保護国化を経て、大韓帝国は日本と一九一〇年に「韓国併合に関する条約」を締結する。この条約は「両国間の特殊にして親密なる関係を顧ひ相互の幸福を増進し東洋の平和を永久に確保せむことを欲し」（「韓国併合に関する条約」条文より）締結された。その理想は立派なものであるが、実際にはすべての支配権を日本国に移譲し、大韓帝国皇帝の純宗は退位、天皇から直接任じられた総督が支配する植民地であった。国号の大韓帝国は失われ、大日本帝国の「外地」朝鮮となった。

強制退位となった高宗は徳寿宮《とくじゅきゅう》李太王《りたいおう》、韓国併合により皇帝の位を退いた純宗は昌徳宮《しょうとくきゅう》李王《りおう》となり、朝鮮王族は宮家に準じる李王家となった。李王家創設の背景には朝鮮民衆の反発や国際社会からの批判を避ける目的があったともいわれている。純宗には実子がいなかったため、異母弟の英親王李垠（母親は貴妃厳氏）は李王家の後継者に定められた。

初代朝鮮総督に就任したのは寺内正毅で陸軍大臣と朝鮮総督を兼任していた。寺内総督のもと武力によって朝鮮を支配する武断統治がおこなわれた。朝鮮人発行の新聞雑誌はすべて廃刊となり、憲兵警察による「不穏分子」の取り締まりなど、厳しい統治がおこなわれた。

暴力による支配はやがて朝鮮人の反発を生むことになる。第一次世界大戦後の戦後処理をめぐるパリ講和会議での民族自決の原則、アメリカ大統領ウィルソンの一四箇条は朝鮮の知識人たちに朝鮮独立への希望を抱かせた。しかし、これらは戦勝国の原理であり、日本は第一次世界大戦の戦勝国であったことから、朝鮮独立は「除外」事項であった。

そのようなことを知る由《よし》もない朝鮮人は、一九一九年二月八日に在日本留学生を中心に「独立宣言文」を作成し、これをひそかに東京から朝鮮に運び朝鮮内の独立運動家らと連絡を取り合った。その少し前に高宗が薨去《こうきょ》し、その死因は日本による毒殺とのうわさもささやかれた。独立運動家らは高宗の葬儀がおこなわれ多くの人が集まるであろう三月三日前後に、独立運動を起こすことを決めた。

独立運動は一九一九年三月一日に決行された。ソウル中心部にあるパゴダ公園で独立宣言文が読み上げられ、朝鮮各地で「独立万歳」をスローガンにデモがおこなわれた。これが三・一独立運動の始まりである。デモは朝鮮駐屯の日本軍や警察により鎮圧され、死傷者や逮捕者を多数出した。正確な数字は明らかではないが、日本側つまり警察当局の発表によると死者三五七人、負傷者八〇二人、逮捕者の数は二万六八六五人である。一方、独立運動家で『韓国独立運動之血史』の著者朴殷植《パク・ウンシク》は、日本側の秘匿により調査が難しいとしながらも、伝聞的調査・新聞報道などをもとに死者七五〇九人、負傷者一万五九六一人、逮捕者は四万六九四八人であると同書に記している。日本側と朝鮮人側とで調査期間が異なること、当時の首相原敬《はらたかし》が「極めて軽微なる問題」として扱おうとしていたことを考えると、調査結果に開きが生じることも当然といえる。数字に開きがあるとはいえ、三・一独立運動の鎮圧により朝鮮人の犠牲者が生じたことは紛れもない事実である。

朝鮮独立は挫折したものの、三・一独立運動は総督府ならびに日本政府に衝撃を与えた。当時総督を務めていた長谷川好通《よしみち》は辞任、朝鮮の統治方針も武断政治から文化統治へと転換を余儀なくされた。また、この時期に「不逞鮮人」という用語も誕生した。「不逞鮮人」とは帝国日本に仇《あだ》なす不逞《ふてい》の輩《やから》という意味を含み、いつ歯向かうかわからない不安分子という意味合いが込められている。

李王家の結婚①——梨本宮方子

李王家の後継者となった英親王は保護国期に学習院に留学し、一九一一年には日本軍の陸軍幼年学校へ、一九一五年には陸軍士官学校へ入学し、卒業後は少尉として任官した。この時代の「やんごとなき」身分の者たちと同じく英親王の縁談が重要案件となった。「内鮮融和」の目的から英親王の配偶者として選ばれたのは、梨本宮《なしもとのみや》家の方子《まさこ》女王だった。一九一八年に天皇の勅許が下り一九一九年一月に結婚の予定であったが、先述のとおり高宗の薨去により延期となり一九二〇年に結婚することとなった。三・一独立運動の一年後におこなわれた結婚は、朝鮮の不安定な状況を打破するための政略結婚ともいえる。なお、皇族として「外国人」に嫁いだ女性は、あとにも先にも梨本宮方子女王ただ一人である。

結婚生活は朝鮮ではなく赤坂の李王家邸で営まれた。政略結婚ではあったものの夫婦の関係は良好で、二人の男子にも恵まれた。しかし、長男は英親王夫妻の朝鮮訪問中に生後八か月で死去したため、毒殺のうわさも流れた。次男は長年アメリカで生活したのちかつての住居であった東京の李王家邸の敷地に作られた赤坂プリンスホテル滞在中に亡くなった。二〇〇五年のことである。

日本の敗戦により朝鮮は独立し、北緯三八度線を境界として一九四五年から一九四八年までソ連とアメリカによる分割統治がおこなわれた。一九四八年には大韓民国と朝鮮民主主義人民共和国が建国され、朝鮮戦争を経て南北朝鮮の分断が固定化された。独立後の朝鮮に王朝が復興することはなく、南北朝鮮どちらも英親王夫妻の「帰国」を認めなかった。韓国併合後、日本人となっていた英親王夫妻は、一九五二年にはサンフランシスコ講和条約締結により日本国籍を喪失し、旧植民地出身者を示す「朝鮮」籍を保有することになった。英親王妃方子は日本人に戻ることなく、夫とともに朝鮮籍を保有する李方子として暮らすことになった。

図２－１　1923年頃の英親王と李方子夫妻

一九六〇年代に入ると英親王夫妻に転機が訪れた。朝鮮王朝関係者の韓国帰国を頑《かたく》なに拒んでいた李承晩《イ・スンマン》が一九六〇年に失脚し、その後大統領となった朴正煕《パク・チョンヒ》により一九六三年に英親王夫妻と後述する徳恵《トクケ》翁主の帰国が認められた。

方子妃はそのまま日本に残る道もあったかもしれないが、夫である英親王に従い韓国へ「帰国」した。帰国後はかつての王宮・昌徳宮の中にある楽善斎《ナクソンジェ》で暮らし、李方子《イ・バンジャ》と呼ばれた。一九七〇年に夫が死去したあともそこで生活した。英親王の死後は社会福祉活動に従事し、とくに障害者教育に力を注いだ。日本へ戻ることはなかったものの、福祉活動を介して日本の皇族と交流していた。李方子は一九八九年に死去し、遺体は夫とともに朝鮮王朝の陵に埋葬された。

李王家の結婚②——徳恵翁主

高宗は王妃閔氏が亡くなったのち、厳氏をはじめ多くの側室を抱えた。高宗が高齢に差しかかった一九一二年には側室の梁《ヤン》貴人を母とする徳恵翁主が誕生した。「翁主」とは側室から生まれた王女の称号である（正妃から生まれた女児は「公主」）。高宗は徳恵をとても可愛がった。李王家は王公族の扱いであったが、韓国併合後に生まれた徳恵翁主の身分についての明確な規定がなかったため、高宗は娘が王公族として認められるよう働きかけ、王族としての待遇を受けられるようになった。

韓国併合後に生まれた徳恵翁主は景福宮の近くにある日之出小学校で、日本人児童とともに学んだ。とても優秀でとくに作文や詩の才能に秀で、「童謡の姫君様」と呼ばれてもいた。小学校卒業後は兄たち同様、日本の女子学習院で学ぶことになり、すでに東京で結婚生活を送っていた兄・英親王宅から通学した。留学中の一九二六年に兄・純宗が、一九二九年には母の梁貴人が亡くなり、その頃から精神的な不調が出始めたといわれている。

兄・母を相次いで亡くしながらも、徳恵は一九三一年三月に女子学習院を卒業した。卒業を控える徳恵に結婚問題が浮上した。王族、つまりは宮家に準じる立場の徳恵は平民には嫁げない。また、朝鮮では近親婚の慣習がないため、李王家に連なる朝鮮人とは結婚できない。韓国併合後、日本の支配に協力的な朝鮮人が貴族として爵位をもらっていたが、徳恵と年頃や身分が釣り合う相手もいなかった。このような状況で、一九三一年に元対馬藩主の家系にあたる宗武志《そうたけゆき》との結婚が決まった。

結婚に際しては、「外国人」と結婚すること、健康に不安があることなどから宗家側で反対意見もあったが、李王家の資産が魅力的でもあったため、結婚を承諾した。東京帝大の研究者である夫とともに、徳恵は東京で結婚生活を送った。統合失調症であったといわれている徳恵の精神的な不調は結婚後にも現れ、とくに長女の正恵出産後に悪化したという。なお、この不調の原因や統合失調症を発症した時期にはさまざまな説があるが、義姉である方子妃の手記に不調が原因で破談になるのではないかと記されており、結婚前からのものであると推測される。

図2－2　1923年頃の徳恵翁主

徳恵の病状は悪化し一九四六年から入院生活を送ることとなる。義姉の方子とは反対に、日本人と結婚していた徳恵は、サンフランシスコ平和条約発効後も日本人だった。体の不調などにより一九五五年には宗武志との離婚が成立し、側室を母に持つ徳恵は李姓を名乗れず梁徳恵《りょうとくえ》となった。このような徳恵の状況が韓国の新聞で報道されたことで、韓国内では元朝鮮王朝関係者の帰国運動が展開した。これにより、徳恵は韓国国籍を取得し兄夫婦よりも一年早い一九六二年に韓国に帰国した。病状がよくなることがないまま一九八九年に死去し、父や兄たちの陵の近くに埋葬された。

先述のように、日本の皇族として「外国人」に嫁いだのは方子妃が初である。彼女の結婚に本人の意思は反映されず、結婚生活は日本であったとはいえ「外」へ行くこととなった。最終的には完全に「外」である韓国でその生涯を終えるという、数奇な人生を送ったのである。また、徳恵翁主はその身分ゆえに幼い頃に「外」へ出ることとなり、義姉同様に「外国人」と結婚した。精神を病んで祖国へ帰ってきたが、彼女の心は「外」のままであったのかもしれない。

総督府は「内鮮融和」のもと、日本人と朝鮮人との結婚＝内鮮結婚を奨励する。韓国併合後に適齢期を迎えた高宗の子孫に英親王のように日本人と結婚し内鮮結婚を体現した者もいた。しかし、内鮮結婚を拒否し第一章で登場した朴泳孝の孫・賛珠《チャンジュ》と結婚したのが、高宗の孫にあたる李鍝《イ・ウ》である。李鍝は他の朝鮮王族・公族と同じく軍人となり、広島での任務中、原爆に被爆して亡くなった。妻と子どもは朝鮮に疎開中だったため、解放後も韓国人としてソウルで生活することができた。夫を亡くした朴賛珠は教育家として解放後韓国の女子教育に尽力した。

2　韓国併合後の女子教育

植民地教育の始まり

一九世紀末に近代教育が始まった朝鮮であったが、その自主的な運営は韓国併合によって閉ざされてしまった。総督府は一九一一年に第一次朝鮮教育令を公布・施行し、朝鮮人を「忠良ナル国民」とするため、国語＝日本語の習得を教育目的とした。しかし、すでに義務教育が実施されていた日本とは異なり、朝鮮では義務教育は実施されなかった。学校の不足、授業料の負担、植民地教育への警戒などから、就学率も低かった。

そのような状況ではあるものの、上層の子どもたちや学歴をつけて身分上昇を狙う層は学校へ通った。また、一九一九年の三・一独立運動に多くの官公立学校の学生たちが参加したことで、一九二〇年代には教育熱が高まっていった。

一視同仁、内地延長、内鮮融和、内鮮一体など、時代に応じて日本と朝鮮とは「同等」であるとしながらも、教育の現場においては日本人と朝鮮人は明確に「区別」されていた。朝鮮に在住する日本人は、本国の教育制度がそのまま適用された。しかし、朝鮮人は朝鮮教育令に基づいた教育が適用され、朝鮮人は朝鮮

表２－１　日本人と朝鮮人の教育制度

日本人	朝鮮人
小学校	普通学校
中学校・高等女学校	高等普通学校・女子高等普通学校

人だけで教育を受けた。学校の名称も日本人と朝鮮人とで表のように異なっていた。制度と名称、どちらも日本人と朝鮮人を区別していたのである。

しかし、一九三〇年代後半に入ると日中戦争が勃発し、一九四〇年代にはアジア太平洋戦争の開戦などにより、朝鮮人を兵力や労働力として大量に動員する必要が出てきた。そのため、一九三八年には朝鮮人が学ぶ学校の名称を日本人と同じくし、国語普及をおこなうなど急ごしらえの政策がとられた。一九四〇年には国民学校令を公布・施行し、戦時教育の色彩が強まっていった。

女子教育の展開

それでは植民地期の女子教育はどのような状況だったのだろうか。初等教育においては普通学校で女子も学べる状況にあったが、先述のように義務教育ではなく、授業料がかかることからも、学校へ通うのは男子が中心だった。たとえば一家に子どもが数人いたとしても、学校に通えるのは長男のみ、あるいは男子のみというケースが多かったという。また「朝鮮近代文学の祖」ともいわれる李光洙《イ・グァンス》の小説『無情』(一九一七年)では、娘を学校に通わせている家が笑いものになる描写もあり、朝鮮社会の女子教育に対する無理解が垣間見られる。そのようななかでも普通学校を卒業し、中等学校へ進学する女子は当時の朝鮮において稀有な存在であった。これは一九四五年の「解放」まで似たような状況が続いた。

実際に中等教育の状況を見てみよう。一九世紀末に設立されたミッション系女学校は、当初は中等相当の私立各種学校として存続していたが、総督府の圧力や進学への不利があるという学生からの要求に伴い、総督府の認可を受け女子高等普通学校に昇格するケースが相次いだ。公立の女子高等普通学校については、当初はソウルと平壌にのみ設立された。ソウルや平壌在住以外の女子学生は、進学を断念するかあるいは寮や下宿から通学せざるをえなかった。朝鮮人男子が通う高等普通学校が一九一〇年代末までに、朝鮮各地に設立されたのとは大きな違いである。なお、女子高等普通学校が朝鮮各地に設立されるのは一九二〇年代以降であり、二〇二四年の今からちょうど一〇〇年前のことである。

植民地期の女子教育は「女子ニ高等ノ普通教育ヲ為ス所ニシテ、婦徳ヲ養ヒ、国民タルノ性格ヲ陶冶《トウヤ》シ、其ノ生活ニ有用ナル知識技能ヲ授ク」（第一次朝鮮教育令第一五条）という方針のもとでおこなわれた。教科書は国語・修身・朝鮮語のみ総督府編纂のものを用い、他の教科はすべて日本人の高等女学校生が使用するものと同じだった。学校での教授用語ももちろん日本語であったため、当時の女子高等普通学校の学生はかなり高度な日本語運用能力を備えていたといえる。

彼女たちが行きつく先は、「中堅の主婦」だった。女子高等普通学校の学生の多くは、上層の女性たちであり結婚相手は朝鮮社会のエリートであることが多かった。もちろん保護者は、女性にもよい教育を受けさせたい思いで女子高等普通学校へ通わせるのだが、良縁に恵まれるためにも学歴が必要だったのである。一方、総督府の立場からすると、高度な日本語能力を持ち、家庭を担う主婦となり植民地支配の「協力者」となる朝鮮女性を育成しようという思惑があった。朝鮮伝統の家父長制と植民地支配の奇妙なコラボレーションは、良妻賢母の育成にリンクしていった。

女子学生の進路

中堅の主婦・良妻賢母であることが求められた女子学生たちだったが、実際の進路はどのようなものだったのだろうか。実は植民地期の中等教育については、細かいデータが残っていない。学校ごとの学生数は朝鮮総督府による『統計年報』や学務局の資料などからある程度わかるが、進路については一九三七年刊行の『学事参考資料』や学校ごとの卒業生動向に頼るしかない。しかし、これらをかき集めても全容を知ることが難しい。ここでは限られた資料に基づいて概要を述べていきたい。

まず、女子高等普通学校を卒業した多くの女子は、進学を進路として選択できていない。その理由としては、

①朝鮮には女子向けの高等教育機関が一九二五年に設立された梨花女子専門学校（梨花女子大学の前身）のみで、一九三八年に入って淑明女子専門学校の認可、および京城女子医学講習所が京城女子医学専門学校に昇格するという状況だった。

②進学を希望する女子学生の多くが日本やアメリカへの留学を希望していたが、そう簡単には実現しなかった。

③そもそも上層の女子にとっては、女子高等普通学校が最終学歴だった。

以上、三つが挙げられる。学歴を活かして職業婦人になるという道も朝鮮では難しかった。そのため、多くの女性にとって卒業後の進路となったのは「家庭」だった。この「家庭」にはさまざまな意味があり、結婚準備や卒業後すぐに結婚するケースもあった。なかには卒業後、総督府や企業の事務職員、採用試験を受けて学校教員になることもあったが、それも少数だった。

近代教育を受け、「中」から「外」へ出ていった女性たちだったが、卒業後はふたたび「中」へ戻り家庭での無償労働を担うこととなった。個人主義的な学生生活を送り能力を発揮できる場がない女性たちは、家父長制社会へ回帰せざるをえなかった。

朝鮮人女子留学生たち

回帰する者たちがいる一方、切り開く者たちもいた。それが朝鮮人女子留学生である。すでに一九世紀末頃から朝鮮人男性は日本や欧米に留学しており、一九一〇年代には在日本東京朝鮮基督教青年会（ＹＭＣＡ）を拠点に活動するほどだった。

初期の朝鮮人女子留学生は先端の学問を学び、日本で高まりつつあった女性運動や女性解放論に関心を寄せた。在日本朝鮮人留学生会が発行した『学之光』という雑誌には、羅蕙錫《ナ・ヘソク》の「理想的婦人」、於江戸姜女史（ペンネームと思われる）による「女子界にも自由来たり」という記事が掲載され、さらに女子留学生による『女子界』という雑誌も刊行された。一九一〇年代の朝鮮では朝鮮人による出版は許可されていなかったため、日本で朝鮮語による執筆活動をおこなうことはとても大きな意味を持っていた。

女子留学生は初期には美術学校、音楽学校、宗教学校に留学していた。『学之光』に記事を書いた羅蕙錫も女子美術学校の留学生だった。羅蕙錫の人生については次項で述べることとする。

朝鮮で女子高等普通学校が設立され始めると、教員不足が問題となった。しかし、朝鮮には中等教員を養成する女子高等師範学校がなかったため、いくつかの女子高等普通学校では卒業生を日本へ留学させた。当時、日本には東京と奈良に女子高等師範学校があり、どちらにも朝鮮からの留学生がいた。奈良女子高等師範学校へは平壌・大邱《テグ》の公立女子高等普通学校から、そして私立の淑明女子高等普通学校からの留学生が多く、彼女たちは日本人・台湾人の学生との寮生活を送り、卒業後は母校の教員となった。

奈良女子高等師範学校への留学を斡旋《あっせん》したのは、大阪堺の実業家・柳原吉兵衛という人物だった。彼は内鮮融和の必要性を感じ、英親王と梨本宮方子との結婚の祝賀行事に朝鮮人女子留学生を動員した。桃山学院大学史料室には柳原にあてた書簡が資料として保管されており、大邱女子高等普通学校校長の白神寿吉《しらがじゅきち》が奈良女子高等師範学校入学の便宜を図ってくれと頼む手紙や、学費支援を求める朝鮮人留学生の手紙が残っている。

女子留学生たちは卒業後、朝鮮に戻り朝鮮社会のエリート女性としてさまざまな方面で活躍した。

解放後、彼女たちは母校の同窓会会長や役員を担い、植民地教育と解放後の教育をつなぐ役割を果たした。

3　女子学生たちの「運動」

三・一独立運動と女子学生

三・一独立運動には女性たちも参加した。すでにソウルに開校していた梨花女子高等普通学校、京城女子高等普通学校の学生たちは積極的にデモに参加した。三・一独立運動を象徴する女性として有名な柳寛順《ユ・グァンスン》もその一人である。

柳寛順は一九〇二年、忠清南道《チュンチョンナムド》天安《チョナン》でキリスト教徒の家庭に生まれた。勉学に優れ一九一六年には女性宣教師の推薦を受け梨花学堂（初等教育）に編入し、その後一九一九年に梨花女子高等普通学校へ進学した。進学の際には給費生の扱いを受けており、卒業後は母校の教員として働く義務を負っていた。

三・一独立運動が起きると、柳寛順は同級生たちとデモに参加した。朝鮮総督府は混乱を収めるため同年三月六日に臨時休校を命じたので、柳寛順は故郷の天安に戻り地元の有志たちとデモを計画した。デモは三・一独立運動の開始から一か月後の四月一日に計画された。彼女はデモ隊の先頭に立ち「朝鮮独立万歳」を叫んだ罪で、天安警察署に連行された。

柳寛順の罪名は騒擾罪《そうじょうざい》、保安法違反により懲役五年を宣告され、ソウルの西大門刑務所に収監された。収監中に英親王の結婚による特赦があり一年六か月に減刑されたが、刑期を終える前の一九二〇年九月二八日に刑務所内で死亡した。遺体は梨花女子高等普通学校の同級生が引き取り埋葬された。

今では三・一独立運動を象徴する人物となっている柳寛順だが、当時はその存在が知られていなかった。独立運動により逮捕・獄死するケースがとても多かったためとも、女性であるがゆえとも考えられるが、いずれにせよ彼女の存在がクローズアップされるのは解放後のことだ。彼女の同級生たちが柳寛順の記録を掘り起こし、その功績をたたえた。韓国政府は一九六二年三月一日に建国功労勲章を、二〇一九年三月一日には建国功労勲章大韓民国章という、独立運動に功績がある人物として最高位の勲章を授与した。植民地期の独立運動について展示・研究する独立記念館は、柳寛順の故郷・天安に建設されている。

同盟休校――朝鮮人として学びたい

「同盟休校」とは学生が教育上の問題や要求を貫徹させるための手段として、学業を拒否する行動である。つまりは、学生によるストライキといえる。このような行動は朝鮮独自のものではなく、日本でもたびたび起きていたが、植民地支配下といういびつな社会構造において同盟休校は総督府の教育政策への反発という意味合いもあったため、警戒されていた。

同盟休校の件数でいえばほとんどが男子によるもので、その原因については民族主義や左傾的思想によると総督府側が判断したものが多い。これらの思想との連動は、植民地支配を揺るがしかねない問題であったことから、総督府としても同盟休校に目を光らせていた。

しかし、男子だけが同盟休校を決行したのではなかった。女子高等普通学校の学生たちも、さまざまな理由で同盟休校をおこなったが、その多くは教員排斥だった。学生への理解が足りない、女性差別的だ、考えが古すぎるなどの理由から、女子学生たちは自分たちの要求を通すため同盟休校を起こしたのである。夫や兄弟に従い、家の中でおとなしくしているだけの朝鮮女性の姿はここにはなかった。

教員排斥を理由とする女子学生の同盟休校の事例を見てみよう。ここでは一九二七年に淑明女子高等普通学校で起きた同盟休校を取り上げたい。

淑明女子高等普通学校は、第一章でも取り上げた高宗の妃で英親王の母である貴妃厳氏が創立した女子教育機関である。上層の朝鮮人女子が通う、お嬢様学校的な存在だった。淑明から奈良女子高等師範学校に留学生を送るなど、日本との「融和」にも協力的な私立学校でもあった。

この淑明女子高等普通学校では一九二七年五月に約四〇〇人の在学生（全校生徒に相当）が同盟休校を断行した。彼女たちは以下の六項目を学校側に求めた。

①寄宿舎の舎監である中島の免職

②教務主任の斎藤の免職
③学生の待遇の改善
④朝鮮人の裁縫教員の採用
⑤朝鮮人教員の採用増加
⑥人格者の教員の待遇の改善

①②については、教員による差別的な発言があったことが原因で、④については和裁を学ぶのではなく朝鮮式の裁縫を学びたいという学生の要求によるものである。朝鮮人として学生としての要求は、総督府の政策への反発につながった。

学生たちの要求に対して学校側はそれを拒否し、対策を講じたものの教職員だけでは手に負えず保護者側との協議によって解決を試みた。しかし、保護者の中にも学生と同じ考えを持つ者たちがいたため、同盟休校の収束は難しいと学校側が判断するほどだった。

同盟休校は七月まで続き、最終的に同校の同窓会である淑女会が仲介に入った。教務主任の斎藤は辞職、裁縫は同校卒業生の呉慶善《オ・ギョンソン》を採用し事態はようやく解決した。『東亜日報』は同盟休校を社説でも取り上げ、「朝鮮教育界稀有の不祥事」と評しながら、学校側の高圧的な態度を批判した。また、女子学生の浅はかな考えで同盟休校をしたのではないこと、学生の要求に対し学校側の相当な譲歩を求めることなどについて論じていた。

このように長期間にわたっておこなわれた淑明女子の同盟休校は、教員排斥が主な理由であった。日本の植民地である朝鮮で学ぶ学生にとって、このような教員排斥はすなわち民族意識の表出となり、植民地統治のもとでの学びにおける根本的な問題を露《あら》わにした。それゆえ朝鮮社会からも大きな注目を浴びることとなった。

なお同盟休校ではないが、一九二九年一一月三日には全羅南道《チョルラナムド》光州《クアンジュ》で「光州学生事件」が起こった。通学電車での朝鮮人と日本人学生の諍《いさか》いがきっかけとなり、三・一独立運動以来の大規模運動になるかとまでいわれたこの事件の発端は、日本人男子学生による朝鮮人女子学生への「ハラスメント」だった。朝鮮服の制服で伝統的な三つ編みスタイルの女子学生をからかったのである。これは、一九九〇年代に北朝鮮の核開発疑惑により日本で多発した朝鮮学校の在日朝鮮人女子生徒に対するチマチョゴリ切り裂き事件を思い起こさせる。

4　「新女性」たちの登場

雑誌『新女性』の刊行

朝鮮における「新女性」とは、近代教育を受け、家父長制や伝統的な男尊女卑に疑問を呈し、活動した女性を表す。新女性が活躍したのは主に一九二〇年代以降であり、彼女たちはオピニオンリーダーかつファッションリーダーでもあった。

先述のように一九二〇年以降、朝鮮では許可制と検閲制度のもと、朝鮮人による新聞・雑誌の発行が認められた。とくに雑誌によるメディア活動を活発におこなったのが、開闢社《ケビョク》である。開闢とは朝鮮独自の宗教で東学の流れをくむ天道教の理念で、精神・民族・社会の開闢《かいびゃく》（始まり）を表す。とくに精神開闢は古い観念からの脱皮と個性の革命を意味する。開闢社は天道教の関連会社であり主に男性の知識人を対象とした雑誌『開闢』、農民層を対象とした『朝鮮農民』などを刊行していた。その開闢社から女性向けの雑誌として一九二二年に『婦人』が刊行された。

天道教は男女平等を重視し、女性問題に関心を持っていた。女子教育機関として、同徳《トンドク》女子高等普通学校も設立している。『婦人』は女性運動拡張の目的で創刊されたが、その内容は実際には主婦向けであり男性中心的でもあった。

開闢社では購読者層を再検討した結果、近代の新教育を受けた「新女性」層を取り込む必要があると考え、一九二三年に雑誌名を『新女性』に改称した。羅蕙錫たちが創刊した『女子界』は日本で発行されていたため、『新女性』は朝鮮における初めての女性向け雑誌といえる。しかし、雑誌編集の中心人物は朴達成《パク・ダルソン》、方定煥《パン・ジョンファン》、車相瓚《チャ・サンチャン》ら教育家としても活躍している天道教徒の男性という限界もあった。また朝鮮人女性の識学率が低く、読者が限られてもいた。

『新女性』は、女性のための一般教養や、啓蒙的な論文・詩・小説・随筆などの文学作品に加え、童謡や童話も掲載されていた。一般教養や啓蒙に関する記事の内容としては、「女性の階級的地位」、「弱い女性と労働階級の起源」など、社会主義的な論文も掲載され、同時代の商業的な女性誌とは異なる様相も見せていた。一方で、恋愛と結婚、女性運動と啓蒙、女子教育に関するもの、女性の容姿や職業、趣味など多様な主題を扱っていた。

執筆陣の多くは男性だったが、女性記者も活躍していた。許貞淑《ホ・ジョンスク》は、晶淑、貞琡、許、スカイ、SKY、七寶山人などのペンネームを用いて『新女性』に記事を書いていた。彼女はソウル出身で父の許憲《ホ・ホン》は弁護士で独立運動家だった。梨花学堂を経て日本の関西学院へ留学し、東亜日報の女性記者を経て開闢社の記者になった。このほか、朴敬植《パク・キョンシク》、金源珠《キム・ウォンジュ》、宋桂月《ソン・ゲウォル》、李善熙《イ・ソニ》など、女性運動家が執筆していた。版元の開闢社の男性社員がさまざまな雑誌で多くの記事を書いていたこととは異なり、女性記者は『婦人』や『新女性』に一時的に所属し、女性に関連する重要企画を担当した。主に女性でなければ取材が難しい主題の記事や、家庭訪問などのエッセイ的なものを担当していた。

読者の範囲には教育を受けた新女性から、一般の主婦まで多様な階層が含まれていた。「読者欄」の投稿を見るとペンネームと本名が混在しているが、読者の居住地域はほぼ記入されている。これによると朝鮮全土はもちろん、海外（日本・中国・ソ連）などに購買層があったことがわかる。記者や投稿者はしばしばペンネームを用いていた。やはり当時の朝鮮社会では女性が本名で自分の考えを発表することに対する理解が少なく、自分自身を守るため、家族に迷惑をかけないためなど、さまざまな理由があったと思われる。

一九二三年に創刊された『新女性』は大衆誌『別乾坤《ピョルゴンゴン》』への一時統合や休刊を経て、一九三四年まで刊行された。実名・ペンネームいずれにせよ、朝鮮の女性たちが自ら動き、記事を書き、各自の考えを社会に示したことの意味は大きかった。

羅蕙錫《ナ・ヘソク》——代表的「新女性」

羅蕙錫は一八九六年京畿道水原《スウォン》の裕福な家庭に生まれた。一九一〇年にソウルの進明女学校に編入し卒業後の一九一三年には東京の女子美術学校（女子美術大学の前身）に留学し、油絵を専攻した。日本留学のきっかけは、すでに留学していた二人の兄たちの勧めによるものだった。女子留学生は珍しく、また容姿に恵まれていたため、羅蕙錫は朝鮮人男子留学生に人気があった。

留学中は美術の勉強に邁進《まいしん》するとともに、『学之光』や『女子界』での執筆活動や、平塚らいてうらの『青鞜』を愛読し、女性解放論・男女平等論への共感を抱いた。また、イプセンの戯曲『人形の家』のノラに自身を重ねていたともいう。

羅蕙錫は慶應義塾に留学中の崔承九《チェ・スング》と恋に落ちるが、病弱なうえ彼には戸籍上の妻がいた。そのため兄たちからは交際を反対されたが、二人は結婚を決意する。しかし、一九一七年に崔承九が亡くなった。失意の羅蕙錫は「婚期が遅れては困る」という父のことばに従って、一時的に朝鮮に戻ることとなる。

羅蕙錫の父、羅基貞《ナ・ギジョン》は娘を日本に留学させるほど女子教育に熱心であった一方、多くの妾を抱える伝統的かつ家父長制的な人物でもあった。妾の中には娘の羅蕙錫より若い女性もいたという。

このような父親への反発から羅蕙錫はふたたび日本へ戻り、一九一八年に女子美術学校を卒業した。卒業後は結婚の勧めを拒絶し、ソウルの貞信女学校で美術教師を務め、三・一独立運動では学生を先導したという容疑で二か月ほど投獄されてもいる。

結婚を勧める父への反発を続ける羅蕙錫であったが、京都帝大を卒業し朝鮮人ながらも外交官を務める金雨英《キム・ウヨン》と出会い、二人は急速に接近し結婚を決意した。金雨英は妻と死別しており、前妻との間に娘がいた。結婚に際し羅蕙錫は「結婚の条件」として、生涯自分だけを愛すること、絵を描くことを邪魔しないこと、義母と前妻の娘とは別居すること、この三つを求めた。これは当時の朝鮮女性としては異例のものだったが、金雨英はこれを受け入れ二人は結婚した。この結婚は朝鮮社会でも話題となった。

図2－3　羅蕙錫

一九二七年には羅蕙錫は外交官として欧米視察に向かう夫に同行した。本場ヨーロッパの美術を鑑賞し、現地の美術学校へ通うという充実した日々を過ごした。視察中、三・一独立運動の民族代表の一人であった、崔麟《チェ・リン》と出会い親交を深めたが、恋愛感情によるものではなかったといわれている。ところが、崔麟への手紙が不倫と誤解され、夫から離婚を突き付けられた。

当時、羅蕙錫は金雨英との間に四人の子どもがいた。妻であり母でありながらも独立した女性でいようとした彼女であったが、離婚を拒否し、「良妻賢母になる」とまで誓い夫を引き留めようとした。しかし、すでに金雨英には新しい女性がおり、離婚は回避できなかった。この離婚劇はスキャンダルになり、羅蕙錫は周囲の視線に耐えられず兄のいる中国・奉天へ向かった。

あれほど否定していた良妻賢母を受け入れてまで結婚を続けようとした羅蕙錫であったが、離婚後に得た「自由」は彼女をふたたび美術と文筆活動へ向かわせた。人生の喜怒哀楽を経験した彼女の絵は芸術的にも高く評価された。また、その教養と学歴を活かして執筆活動をおこない、いろいろな雑誌に寄稿した。とくに雑誌『三千里』一九三四年八月号・九月号に掲載した「離婚告白書──青邱氏へ」は、金雨英との婚約から離婚までの経緯について詳しく述べ、男性中心の朝鮮社会を告発するような内容だった。

羅蕙錫は新女性として、「個」としての自分の生き方を模索し、家父長制や男性中心主義に疑問を示す生き方を選択した。一方で、家父長制からは逃れられない葛藤、一人の女性である自分と、母である自分との間で葛藤した存在でもあった。現在、羅蕙錫は民族主義者として、女性美術家の先覚として、自由を追求した女性として、さまざまな面から評価されている。なお、羅蕙錫の兄の孫にあたるのが、韓国ドラマで活躍している俳優の羅《ナ》ムニである。

許英粛《ホ・ヨンスク》──朝鮮初の女性産科開業医

朝鮮では、韓国ドラマ『ホ・ジュン──伝説の心医』などでも有名な許浚《ホ・ジュン》が、一六世紀に中国式の漢方を朝鮮人の食生活や体質に合わせて考案した「韓方」が医療として用いられていた。韓方医は男性であるため、男子禁制の後宮では王族の女性を治療することができなかった。それにより宮中の女官職として医女制度が導入された。しかし、被差別階級の奴婢《ぬひ》の童女に医学教育をほどこし養成していたこともあり、宮中内で男性の接待をおこなう妓生《キーセン》のような扱いになる問題もあった。

一八九五年の甲午改革により医女制度は廃止、朝鮮の開国に伴い西洋宣教師による医学・看護学の教育が展開した。植民地期に入ると朝鮮各地に看護養成所や助産師の養成所が設立されるようにもなった。

一方、医師の養成は男性中心だった。一八九九年に官立の医学専門学校が設立され、一九一九年には京城医学専門学校に改編された。一九世紀末に宣教師が開設したセブランス医学学校や、一九二六年には京城帝国大学医学部が開学したが、女性は入学できなかった。医学を志す女性は留学するか、断念するしかなかった。

一九二八年に入りようやく朝鮮女子医学講習所が開学し、これが一九三八年京城女子医学専門学校に昇格することで、朝鮮内での女性医師養成が始まった。しかし、大学とは異なり専門学校には付属病院がなかったり、設備が不十分だったりすることから、女性の医師はなかなか増えなかった。

このような状況で、女性医師として奮闘したのが許英粛である。許英粛はソウルの裕福な家庭に生まれ、早婚した三人の姉たちとは対照的に、進明女学校、京城女子高等普通学校を経て、一九一四年に東京女子医学専門学校に留学した。執筆活動、女性運動に注力した羅蕙錫とは異なり、ひた

衛生

○醫師免許　十月中醫師免許シタル者左ノ如シ

免許月日	免許番號	本籍	氏名
十月十日	三四八	京畿道	許英肅
同	三四九	同	白宗璽
同	三五〇	平安北道	金志相
同	三五一	京畿道	李建承
同	三五二	平安南道	李冕載
同　二十日	三五三	慶尚南道	朴永周

○限地醫業免許　十月中限地醫業免許シタル者左ノ如シ

図2－4　許英粛の医師免許取得が掲載された『官報』(『朝鮮総督府官報』2190号、1919年11月28日)

すら医学の道に邁進したという。

留学中の一九一七年、許英粛は早稲田大学に留学中の李光洙と知り合う。李光洙は留学生のリーダー的存在で民族運動の先頭に立つ人物だった。一九一九年の二・八独立宣言文を起草したのも彼だった。李光洙には結核の持病があった。東京河田町の東京女子医学専門学校の寮から彼の下宿が近かったこともあり、許英粛は医学生としての使命から結核に苦しむ李光洙を懸命に看病した。李光洙には朝鮮に残した妻がいたが、のちに二人は恋愛関係となる。

一九一八年許英粛は東京女子医学専門学校を卒業し、朝鮮総督府が実施する医師免許試験を受けるために一時帰国する。李光洙は朝鮮へ行かないよう懇願するが、医師になることを目標とする許英粛はそれを振り切って朝鮮へ戻り、無事合格する。合格後、許英粛は一九二〇年からソウル中心部に英恵医院を開業し、産婦人科医として女性と子どもの健康のために尽くした。女性医師はすでに何名か誕生していたが、開業医となったのは許英粛が最初だった。

許英粛と李光洙は結婚を望むが、先述のように李光洙には郷里の平壌に妻がいるうえに貧しい家の出身であることから、二人の結婚は反対された。しかし結婚の意思は変わらないため、許英粛の家族はしぶしぶ二人の結婚を認めた。とはいえ、李光洙は三・一独立運動の関係者として逮捕・投獄された前科があり、新聞記者の傍ら小説を書いていたが稼ぎは少なかった。子どもを産み育てながら、許英粛が家計を支えていた。

妻に養ってもらう立場でありながらも、李光洙は女性関係が派手で、結婚後も浮気が絶えなかった。離婚を決断しないものの、夫との価値観の違い、医師としてのスキルアップを求める許英粛は子どもを連れて一九三五年にふたたび日本へ留学した。東京の赤十字病院で助手を務めながら、博士論文執筆の準備を進めていた。しかし、一九三七年に李光洙が治安維持法で逮捕されたため、急遽朝鮮へ戻ることになった。

朝鮮へ戻った許英粛は、一九三八年に許英粛産院を開業した。許英粛産院は入院室二〇室、診察室、分娩室、薬局、調理配膳室を備えた最新の病院で、資金調達も自らが動いた。夫の保釈活動、病院の建設費用返済のために、許英粛は一層仕事に励んだ。一九四三年にはソウルから数十キロ離れたところに家を買い家族をそこに疎開させて、自身は産院での仕事を続けていた。

解放後の一九四六年に二人は離婚、反民族行為により李光洙は逮捕され朝鮮戦争のさなかに行方不明となった。離婚後も許英粛は夫の行方を捜し、のちに北朝鮮にいたこと、一九五〇年一〇月に亡くなったことがわかった。

許英粛も羅蕙錫のように新女性として活躍しながらも、妻・母としての旧来の女性の役割を求められるという、家父長制の枠組みにとらわれざるをえない人生を送った。朝鮮初の女性開業医という社会的地位がありながらも、夫との価値観の違い、夫の女性問題に苦しみ、すぐに離婚という選択ができなかった。また、彼女の女性医師としての活躍はクローズアップされてもおかしくないものだが、反民族行為をおこなった夫の陰に隠れてしまっている。これは男性中心の歴史叙述が、彼女の人生をみえなくしてしまっている要因ともいえよう。

崔承喜《チェ・スンヒ》——半島の舞姫

最後に取り上げる人物は、半島の舞姫と呼ばれ、日本でも絶大な人気を誇り世界ツアーもおこなった舞踊家の崔承喜である。彼女の人生はジェンダーの問題に加え、オリエンタリズム、マイノリティとしての消費という視点からみる必要がある。

崔承喜は一九一一年に江原道《カンウォンド》の両班の家系に生まれ、のちにソウルに移り新教育を受け、一九二六年に淑明女子高等普通学校を卒業した。崔承喜は音楽の才能に秀でていたため、日本の音楽学校への留学を希望していた。留学の準備をしているなか、洋舞の第一人者である石井漠《ばく》のソウル公演が開催された。日本に留学経験のある兄・承一《スンイル》の紹介により、崔承喜もこの公演を観劇することとなった。初めてみる洋舞の世界に魅了された崔承喜は日本で洋舞を学びたいと決心するが、両親、とくに母親は、舞踊は妓生がやるものだとして強く反対したという。また、出身校の淑明女子高等普通学校の教員や同窓生たちもこれに反発し、学校の名誉を傷つけるとして同窓会からの除名まで検討された。しかし、兄の説得もあり両親は最終的に舞踊留学を認めた。

日本へ留学した崔承喜は、石井漠舞踊研究所でレッスンを受けた。舞踊経験がないうえ周りはすべて日本人という環境の中で、負けず嫌いの崔承喜はレッスンに励み、入所一年後には主役も踊れるほどの実力を身に着けた。日本人の中に一人置かれたことにより、この頃に民族意識が目覚めたともいわれている。

当時のことを崔承喜は雑誌『新女性』で次のように振り返っている。

私は寝食も忘れ、勉強しました。それこそ血の塊のように……。今考えてもどこでそのような熱心が生じたのかと感服するほどです。私の性格はとても積極的で、何であれ一度決めたら、必ず成し遂げるという情熱がこのときの私にもあったのです。

（崔承喜の回顧、『新女性』一九三三年一月号）

石井漠は崔承喜をスンちゃんと呼び大変可愛がっていた。舞踊研究所内では石井漠夫妻の対立が起き、崔承喜は夫の漠に対して恩義があるものの、夫妻の対立においては夫人に同情的という難しい立場にあった。また、研究所に届いたハングルの手紙を朝鮮からの帰還命令と誤解され、一九二九年に崔承喜はやむをえず朝鮮へ戻ることとなった。

朝鮮へ戻った早々、彼女は崔承喜舞踊芸術研究所をソウル南大門《ナムデムン》の近くに開いた。日本留学を決めた当初とは異なり、新女性のシンボルとして歓迎され、舞踊に関心を持つ門下生をたくさん抱えるようになった。

図2−5　崔承喜の公演ポスター（1941年、在日韓人歴史資料館提供）

とはいえ、貞操観念の強い朝鮮では、露出の多い衣装を着て踊る洋舞への反発もあった。また、容姿の美しさやスタイルのよさ、二〇歳と若く独身の崔承喜の生活は注目を浴び、スキャンダルの標的にもなった。舞踊研究所や舞踊公演が好調ではあるものの、このような環境に悩んだ崔承喜はふたたび東京へ戻り、石井漠とも和解し舞踊団に再度入団した。

洋舞へのこだわりを捨てられなかった崔承喜だったが、師である石井のアドバイスもあり、「朝鮮的」なものの追求をめざすこととなった。石井の紹介で朝鮮舞踊家の韓成俊《ハン・ソンジュン》のレッスンを受け、一四日間で四〇種類の朝鮮舞踊を学んだ。その才能に韓成俊は大変驚いたという。さらに崔承喜は韓成俊から学んだ舞踊に、バレエとモダンダンスの要素を加えアレンジした。その舞踊が好評を得て、彼女を半島の舞姫として導いていった。

崔承喜は当時の女性にしてはかなり大柄の一七〇センチで美貌を兼ね備えていた。今でいう宝塚の男役のようなイメージだろうか。その彼女が舞う朝鮮舞踊は観客の心をわしづかみにし、川端康成、三島由紀夫などの有名人も絶賛した。朝鮮公演には歴代総督が訪れた。

崔承喜は一九三〇年代のスターの一人だった。彼女のブロマイドが飛ぶように売れ、広告のモデルや映画の主人公にもなった。その映画のタイトルが『半島の舞姫』（一九三六年）だった。一九三〇年代前半は日本・朝鮮・台湾で、一九三〇年代後半にはアメリカ・ヨーロッパなどでも公演した。日本や朝鮮、台湾での公演は盛況の一方、欧米での反応は微妙だった。日本と朝鮮の区別がつかない欧米にとっては、朝鮮式のキモノを着たエキゾチックな女性のダンスに映った。また、欧米においても彼女の名前は朝鮮語の発音どおりの「チェ・スンヒ」ではなく、日本式の「さい・しょうき」として紹介された。

彼女の舞踊はあくまでも帝国の中心である日本と、その周辺にある朝鮮をつなぐものだった。帝国に属する異質な文化を許容する日本、という文化政策の一環として崔承喜の舞踊が利用されたともいえよう。一九四〇年以降は戦時体制が強まるなか、軍隊への慰問公演が中心となった。文化芸術の戦争協力でもあった。

人気絶頂の一九三三年に崔承喜は早稲田大学出身のプロレタリア文学家、安漠《アン・マク》と結婚した。安漠は公演のプロデューサーを務め、公演の音楽演奏も担い、夫婦合作で公演をおこなっていた。崔承喜は、慰問公演中の満洲で一九四五年八月一五日を迎え、北朝鮮へ渡った夫を追った。金日成《キム・イルソン》は崔承喜を歓迎し、平壌に崔承喜舞踊研究所を開設した。のちに崔承喜は北朝鮮の体制変化による粛清に巻き込まれ処刑された。しかし、金正日の夫人の一人で金正恩の母である元舞踊家の高容姫《コ・ヨンヒ》の尽力により崔承喜の名誉は回復され、現在は愛国烈士陵に墓地がある。

伝統舞踊と洋舞を融合させ、朝鮮舞踊の一つの形を作り上げた崔承喜だが、日本への戦争協力、解放後に北朝鮮へ渡ったことなどから、韓国社会ではタブーとなっている面もある。一方で彼女の舞踊メソッドは北朝鮮の「朝鮮民族舞踊基本」「舞踊基本動作」として舞踊教育の手本となった。崔承喜の芸術は今もなお受け継がれている。

COLUMN　植民地期を切り取る
『ラストプリンセス』と植民地支配

『ラストプリンセス』DVDジャケット

時の大統領であった朴正熙に「徳恵翁主とは誰だ?」といわせるほど、韓国で存在が知られていなかった悲劇の王女。時を経て彼女の人生が映画になった。映画のタイトルは『ラストプリンセス――大韓帝国最後の皇女』（二〇一六年）。主演はドラマ『愛の不時着』（二〇一九年）で生き生きとしたヒロイン像をみせた、ソン・イェジン。映画ということで史実に比べるとかなり脚色があるものの、徳恵翁主の人生を知ることができる映画だ。義姉の方子妃を演じる戸田菜穂の演技がとてもよく、同い年の甥李鍝を演じるコ・スは朝鮮王朝のハンサムな王子そのものである。

なお、日韓国交正常化四〇年を記念して製作された日韓合作ドラマ『虹を架ける王妃――朝鮮王朝最後の皇太子と方子妃の物語』（二〇〇六年）は義姉の英親王妃方子が主人公である。方子妃は菅野美穂が、夫の英親王は岡田准一がそれぞれ演じている。

両作とも大ヒット作にはならなかったが、このような映画・ドラマが製作されていることの意味は大きい。ただし単に「悲劇のヒロイン」「苦難を乗り越えた夫婦愛」という視点だけではなく、植民地支配というものが二人の女性に与えた影響、歴史に翻弄されるしかなかった女性の生きざまをしっかりとみつめてほしい。

女子学生のホンネ

一九二〇年からの新聞・雑誌の誕生は、朝鮮社会に大きな変化をもたらした。女子学生に関する記事が掲載され、「内」から「外」へ女子学生が出ていく姿をみることができる。取材される側としての女子学生がいるのと同時に、自らの意見や主張、要望を世間に示す側としての女子学生の姿もあった。

本章でも登場する雑誌『新女性』や中等学生向けの雑誌『学生』では、日頃の学生生活についての記事、女子学生の立場から男子学生へ物申す記事、卒業し社会に出てからの所感などが掲載されている。学生生活についての記事には、朝鮮人の先生はなるべく学生に対して朝鮮語を使ってほしい、キリスト教の信者ではない学生に信仰を強要しないでほしい、などという同盟休校につながるような意見が書かれている。

『学生』ではたびたび、男女学生の性別が入れ替わったらというテーマの記事を掲載している。創刊号の特集では、女子学生がもし自分が男子学生であるなら「労働者を蔑まない」、「休暇で郷里に帰ったならよい気風を作る」などと主張している。一方、男子学生は自分が女子学生であったならば「虚栄心を捨てる」、「清い恋愛をする」などと書いている。つまり、男子からみた女子、女子からみた男子が前述のようなことをしているという反証となるわけだ。学生として植民地支配の矛盾を感じながらも、「日常」を生きる朝鮮人女学生のホンネの一端を垣間みることができる。

第三章　朝鮮半島の戦争と女性たち

――動員、協力、被害

一九三〇年代以降、アジアは日本の戦争に巻きこまれていく。第二章で見た「ゆるやか」な時代とは違い、中国戦線と地続きである朝鮮半島は日本列島や他の植民地とは違う緊張感が漂っていた。本章では一九三〇年代～五〇年代の「戦争」を軸として戦争と朝鮮の女性たちとの関係に触れる。朝鮮半島が関わった戦争は分断・断絶・離散を招くこととなった。

1　日本の戦争と朝鮮の女性たち

日中戦争の始まりと朝鮮

一九二〇年代には、日本では大正デモクラシー、朝鮮においても植民地支配は変わらないものの文化政治が敷かれるなかでゆるやかな「平和」が続いていたが、一九三〇年が近づくと状況が変化していく。

一九三〇年代に入ると日本では戦時ムードが高まっていった。日本と中国は一九三一年満洲事変による軍事衝突をきっかけとして戦争が始まり、一九三二年には傀儡《かいらい》国家である満洲国が建国、一九三七年の盧溝橋《ろこうきょう》事件をきっかけに日中戦争が全面的に展開した。戦争は拡大し続け戦力・労働力の需要が高まり、日本国内だけでは供給が難しくなっていった。このような状況を受け、戦力や労働力の供給源として、植民地に目が向けられた。しかし、朝鮮人の現状では兵力としての動員は困難であった。

第二章でも触れたように総督府は韓国併合後、植民地教育を展開したが、義務教育制度を導入しなかったため朝鮮人の就学率は上がらず、一九三〇年時点での初等学校就学率は約一六パーセントであった。このため、日本語を理解できる朝鮮人は非常に少なく、兵力として動員するにはことばや「思想」の面で不安があったといえよう。朝鮮人を早急に同化し日本語を普及する必要が生じたのである。

このようななか、一九三六年に総督に就任した南次郎《みなみじろう》は「内鮮一体」を提唱した。内鮮一体とは「半島人ヲシテ忠良ナル皇国臣民タラシメル」ことで、南総督は徴兵制の施行と天皇の朝鮮行幸を統治目標とした。この目標を実現するため、一九三七年には朝鮮人に対し大日本帝国の臣民であること、天皇に忠誠を尽くすこと、忍苦鍛錬し立派な国民になることを盛り込んだ「皇国臣民ノ誓詞」（児童用は「皇国臣民ノ誓ヒ」）を制定し、学校・官公署・職場で斉唱させた。さらに一九三八年から必修科目であった朝鮮語を随意科目とし、一九四一年には完全に廃止した。このような南次郎から始まる同化政策を「皇民化政策」という。

一九三〇年代の戦時体制は朝鮮人の同化をより進めることとなり、女性たちも直接的・間接的に戦争協力をおこなうこととなる。

皇民化政策と朝鮮人の戦争「協力」

戦争には動員と協力が伴う。朝鮮人は後述するように戦場や軍需工場、炭鉱労働に動員される一方、主に知識人たちは宗主国日本の戦争に協力した。最も有名なのは第二章でも取り上げた許英粛の夫・李光洙だろう。

李光洙は早稲田大学留学中の一九一九年には、三・一独立運動の導火線ともなった「二・八独立宣言」を起草した。しかし、独立運動に挫折したのち、『民族改良論』を著し朝鮮の植民地化は朝鮮民族の劣位性にあるなどと主張した。李光洙はその後転向し、一九四〇年「創氏改名制度」が導入されるといち早く日本名の香山光郎を名乗った。

創氏改名制度とは、朝鮮の伝統的な姓・名の組み合わせを、日本式の「イエ」制度に基づき氏《うじ》制度に変えることをいう。朝鮮では子どもは父親の姓を受け継ぎ、結婚しても女性の姓は変わらない。たとえば家長の姓が崔であっても三世帯が同居していれば、崔以外の姓も同じ世帯に含まれる。祖父の姓が崔・祖母の姓が張、父の姓が崔・母の姓が趙という状況になる。さらに両班などの特権階級の家では奴婢も世帯に含まれるため、同世帯の姓がますます増えることになる。

創氏改名制度は伝統的な朝鮮の家族制度を日本式に変え、世帯内の「氏」を新設し統一すること、さらには天皇を中心とする国家体制に組み込むことを目的としておこなわれた。この制度は一九四〇年に導入されたことから、その後の徴兵制への足掛かりだったともいえる。創氏改名に抵抗しても創氏は強制的におこなわれ、それも日本式にするよう圧力が加えられ、社会での栄達のため受け入れたりする朝鮮人も多かった。また、学校は創氏改名を「推奨」する場にもなった。たとえば、一九三七年に大邱女子高等普通学校を卒業し同年奈良女子高等師範学校で学んだ洪慶姫《ホン・キョンヒ》は、一九四一年から母校の教員として着任した。その際、創氏改名制度が実施されていたため、朝鮮名の洪慶姫ではなく洪田慶姫という名で着任している(『慶北女高70年史』)。生徒たちに創氏改名を促す立場として、日本名を名乗っていたといえよう。

李光洙改め香山光郎は、朝鮮人の戦争動員を積極的におこなった。独立運動家・文学者として名をはせた李光洙の「転向」を当時の朝鮮の人々は、どう受け止めたのだろうか。李光洙自身は内心どう思っていたのだろうか。その真相はわからないが、創氏改名の動機を笑顔で語る彼は、多くの朝鮮の若者を戦地へ送ったのである。なお第二章で登場した妻の許英粛は香山英子を名乗り、神社参拝をし慰問袋を送った（『毎日新報』一九四〇年七月七日付）。朝鮮式では夫と妻の姓は異なるが、創氏改名制度のもとでは妻は夫の姓を名乗っていることがわかる。

李光洙のような個人的な戦争協力とは別に、団体や私塾などによる戦争協力もおこなわれた。その中心になったのが緑旗連盟《りょっき》である。緑旗連盟は京城帝国大学教授の津田栄が一九二五年に創設した京城天業青年団を前身とする団体であり、一九三〇年には緑旗同人会に改称した。もともとは日本人のみで構成され日本の国家主義を推進する団体だったが、一九三三年に組織を拡大し緑旗連盟として再出発した。内鮮一体を推し進める日本人主導の団体に、積極的に加わる朝鮮人もいたのである。

緑旗連盟の主な活動は出版、講演、教育で、雑誌『緑旗』を発行した。緑旗連盟は青年学校の主催、朝鮮各地での講演を通じて内鮮一体の重要性を説き、創氏改名の相談などを実施した。主宰の津田栄、妻の節子、弟の剛とその妻美代子など一族が活動に参加した。また、朝鮮人の玄永燮《ヒョン・ヨンソプ》も連盟の会員として活動した。玄は著書『朝鮮人の進むべき道』で朝鮮人は民族を捨て、日本人以上の日本人になるべきだとし、さらに「朝鮮語全廃論」など急進的な内鮮一体、同化を主張した。

緑旗連盟は女子教育機関として清和女塾を開講した。清和女塾は一九三四年に設立され中等教育程度を終えた在朝日本人女性を一年間教育し、良妻賢母と軍国の母の育成を目的としていた。講師は津田節子、大橋壽子が務めた。

また、朝鮮人女性の朴仁徳《パク・インドク》も清和女塾の姉妹校的な存在の徳和女塾を開校した。朴仁徳は「新女性」の一人であり三・一独立運動にも参加した人物だが、のちに転向し内鮮一体や皇民化政策に協力した。朴仁徳は戦争動員のための講演で「我々自らが指導者となり、また我が子女たちを育て、彼らを指導者にしましょう。（中略）半島の一二〇〇万の女性は遺憾なく大東亜建設に一つの役割を果たしましょう」という内容を語り、他にも「徴兵制度実施と半島婦人の覚悟」「徴兵制実施に際して婦女の期待」などのタイトルで講演をした。

徳和女塾は朝鮮人女性を対象として料理・育児・裁縫・家事一般・修身・日本語を教育し、『緑旗』の購読、神社参拝をおこなったという記録が残っている。第一回の卒業生代表の石原照子（創氏改名後の名前、朝鮮名は不明）は次のような答辞を残している。

殊ニ戦フ日本ニ於ケル半島ノ娘トシテノイキル道ヲコンコントオサトシ下サイマシタ。（中略）今ハ何時デモ御国ノ為ニ大君ノ為ニ泣ケル気持デス。

この卒業生の答辞は、まさに朴仁徳がいう「大東亜建設」の役割を果たすための朝鮮人教育の「成果」だろう。創氏改名と同化教育は、朝鮮の女性たちを戦争の協力者とするための総督府の政策の一環だったといえる。

女性の戦争協力団体として最も有名なものは愛国婦人会だろう。朝鮮には韓国併合前の保護国期から、愛国婦人会韓国支部が一九〇六年に設立された。設立当初は朝鮮在住の日本人女性が中心であり、主に上層の女性たちの社交の場として機能していた。のちに韓国皇室や皇室に近い朝鮮人女性たちも参加し、日本と韓国の皇室から財政支援を受けていた。韓国併合後の一九一一年に愛国婦人会朝鮮本部と改称し、①軍事後援活動、②軍人遺家族の後援、③社会事業、④社会産業教育、⑤研修施設の運営などをおこなった。「戦場」である中国大陸と接する朝鮮は、日中戦争の最前線でもある。朝鮮の愛国婦人会は戦場が近いため、内地や台湾の愛国婦人会とは違う緊張感が漂っていた。

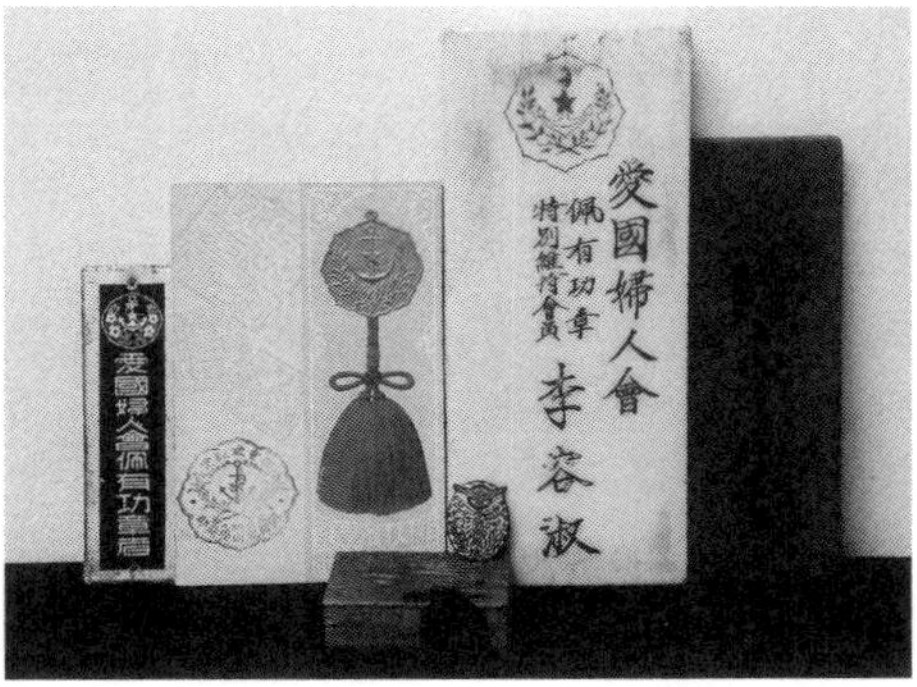

図３－１　愛国婦人会に貢献した者に贈られる有功章や表札（『図録　植民地朝鮮に生きる――韓国・民族問題研究所所蔵資料から』岩波書店、2012年、120頁）

一九三四年には国防婦人会朝鮮本部も結成された。よく戦時中のドラマなどで目にする割烹着《かっぽうぎ》にタスキをかけ、戦意発揚する女性たちの団体がこれで、上層の女性たちが所属する愛国婦人会とは対立していた。戦時体制が強化されるなか、女性団体の統廃合が進められた。対象とする階層が異なるため、内地では愛国婦人会と国防婦人会の統合は難航したが、先述のように戦場が目と鼻の先にある朝鮮では両団体の統合はうまく進み、一九四二年に大日本婦人会朝鮮本部として再出発した（広瀬玲子『植民地朝鮮の愛国婦人会』）。

大日本婦人会は内鮮一体の実現をより強調し、国体観念の涵養《かんよう》、軍人保護、国防思想の普及、貯蓄奨励事業を積極的におこなった。また、機関誌の『日本婦人』朝鮮版を発行し、朝鮮人女性を会員として戦争動員のための「女性戦士」にすることをめざした。機関誌の内容は、徴兵制、軍人援護、決戦下の皇軍絶対信頼、銃後の必勝、少国民の養育、消費節約、皇国伝統の婦道などだった。創刊号には大日本婦人会会長、朝鮮総督、朝鮮軍司令官の祝辞が寄せられるなど、大日本婦人会は御用団体としての色彩を帯びていた。

このように教育や愛国婦人会などの活動を通じて、戦争協力をした朝鮮女性がいたことも事実だ。戦争協力をする朝鮮女性の存在は、総督府による皇民化政策、同化政策の「成功」を意味してもいた。朝鮮人女性たちは女性としての「使命感」や教育のなかで、皇民化意識が形成され、朝鮮人の動員や戦意発揚に共感してしまった。女性の役割はよい兵隊を育てることであり、夫や息子を兵隊として戦争に行かせることこそ婦徳であるとされた。戦場にこそ行かないが、女性も「兵隊」として動員され戦争に参加していた。

朝鮮人男性の動員

日露戦争後、中国の関東州を占領した日本軍は、さらに奥深くへ進出するもくろみを立てていた。

そのようななか、一九三一年に柳条湖事件を起こし日本軍は中国東北地域の一部を占領、翌三二年には傀儡国家となる満洲国を建国し初代皇帝に清国最後の皇帝・溥儀《ふぎ》を即位させた。朝鮮は日本から満洲国をつなぐ要所となった。

満洲国建国後、朝鮮の北東部にある羅津《ラジン》や清津《チョンジン》は、中国東北地域へのアクセスのよさや資源の豊富さから、一九三〇年代に入り開発が進んでいった。日本人の満蒙開拓団もこの頃から始まる。現在の中国・朝鮮族自治州も含む満洲国は、もともと朝鮮人が多く居住している地域でもあり、さらに総督府による満洲への移住が奨励された。満洲国が標榜する「五族協和」はこうして作られていった。

柳条湖事件を皮切りに日本軍と中国軍の武力衝突が繰り返し発生し、一九三七年盧溝橋事件により日中の対立はさらに拡大することとなる。戦線の拡大は多大な兵力を必要とする。日本人の戦死者が増え徴兵者数の減少が見込まれるなか、植民地からの兵力動員が議論されることとなる。

韓国併合前後の義兵闘争、一九一九年の三・一独立運動、それ以降の独立運動を警戒する総督府は、朝鮮人の戦争動員に当初は消極的だった。朝鮮人に合法的に武器を持たせることに躊躇したのだろう。しかし、戦況が不利になるにつれ、本国や総督府内でも朝鮮人の戦争動員の主張が高まっていった。

朝鮮人の戦時動員はまず、一九三八年に公布された陸軍特別志願兵制度から始まった。陸軍特別志願兵制度とは、その名のとおり徴兵ではなく朝鮮人が自ら志願して日本軍の兵士となる制度である。単に「兵士になりたい」と志願するだけではなく、日本語能力や身体検査、身元調査などを経て合格すれば、日本軍の兵士になれる。満洲国建国や日中戦争当初における日本軍の優勢は、朝鮮独立の難しさを感じさせた。そのため、差別からの脱却を望む朝鮮人が志願兵制度に応募した。

日中戦争全面開戦に加え、一九四一年には真珠湾攻撃を契機にアジア太平洋戦争が勃発した。これによりさらに兵力が必要となったが、依然として総督府は朝鮮に徴兵制を導入することについては慎重だった。前述のように三・一独立運動で見られた朝鮮人の日本へのまなざし、「不逞鮮人」に武器を持たせることへの恐怖などがあったのではないだろうか。

このようななか、一九四三年にはいわゆる「朝鮮人学徒陸軍特別志願制度」を定め、高等教育機関に在学するエリート朝鮮人を動員し、一九四四年一月から戦地に送った。さらに一九四四年には一九四二年に閣議決定した朝鮮人への徴兵を実施した。しかし、初等教育を満足に受けられず、日本語も話せない朝鮮人が大部分だったため、徴兵制導入に先立ち一九四二年から「国語全解・国語常用」運動が展開された。試験や学歴によって日本語能力を確認できる志願兵・学徒兵に比べると、徴兵制度に伴う「国語全解・国語常用」運動は、急ごしらえ的な印象が否めない。多くの人々を死に追いやった日本軍の「無謀」さは、朝鮮人への徴兵導入の過程からもわかる。

戦争への動員は兵力に限られたものではなかった。軍需工場や炭鉱などでは日本人の徴兵により労働力が不足していた。イギリスなどでは徴兵による労働力不足を女性が補うことで、女性の権利獲得・社会進出が進むという現象が起きたが、日本では植民地の男性を動員することで補おうとしたのである。動員にあたっては、韓国併合前から制限していた朝鮮人の日本への渡航を緩和する必要があった。三・一独立運動後の朝鮮人への警戒心の高まりや、日本での差別に苦しむ朝鮮人労働者が社会主義・労働運動に加わりがちなことなどが、渡航制限の背景にあったが、戦時体制が進むなかで制限を続けることは困難だった。日本で不足している労働力を補うため、渡航制限を緩和し朝鮮からの動員を進めることとなった。

動員は「募集」「官斡旋」「徴用」の三段階でおこなわれた。「募集」は一九三九年頃から始まり、日本の炭鉱・鉱山・工場などを運営する企業の代理人が、主に朝鮮南部で労働力を「募集」した。これは民間によるもので、企業によって募集をかける地域が割り振られていたという。

次に一九四二年から始まる「官斡旋」は総督府が主導し、大規模な労働力動員計画を立てた。動員先は企業が運営する炭鉱などであることから、官民が連携した動員といえる。

最後に一九四四年から始まる「徴用」がある。国家が国民を兵力として強制性を伴い動員することが徴兵であり、労働力としてのそれが徴用なのである。動員に強制性が伴うことで、地域や家庭に人員供出のノルマが課されることとなる。

ここで著者のパーソナルヒストリーを紹介したい。著者の母方の祖父は、慶尚南《キョンサンナム》道《ド》昌寧《チャンニョン》郡の貧しい農家の出身だった。祖父の住む村にも徴用のノルマが課され、体が大きくなおかつ次男であることから、祖父は岩手の炭鉱に徴用された。昨今、日韓間の外交問題としてニュースにもなっている徴用工問題は、このような問題に端を発している。

徴兵・徴用の場合は単身での動員となるが、出稼ぎや募集、官斡旋の場合は家族単位で日本あるいは満洲やサハリン（樺太）、ロシア沿海州などへ渡航するケースもあった。この場合、夫や父に伴い女性の生活スタイルが変化することとなる。自らの意思で「外」へ出ていった第二章の女性たちとは異なり、このように夫や父とともに「家族」の枠組みの中で「外」へ出ていった朝鮮人女性たちもいた。

2　日本軍「慰安婦」問題

慰安所開設の背景

朝鮮人女性と日本の戦争との関係について、読者の多くはいわゆる慰安婦問題を思い浮かべるだろう。今もなお解決の糸口が見えない日本軍慰安婦問題について見ていきたい。なお、従軍慰安婦という表現も長く用いられてきたが、従軍ということばは軍に従うという意味を持ち、その暴力性や強制性が見えにくいため、本書では日本軍慰安婦あるいは慰安婦という用語を使う。

古来、戦争には略奪とレイプが伴っていた。征服された民族の女性、捕虜となった女性は「戦利品」や「勝利」の象徴として兵士にあてがわれたりもした。しかし日本軍の場合は戦線拡大とともに、慰安所が拡大したという点で他の事例と大きく異なる。

日清・日露戦争、第一次世界大戦、シベリア出兵など、明治維新後の日本は多くの戦争に関わった。記録によるとシベリア出兵後、日本軍兵士の性病蔓延が問題となった。日中戦争、アジア太平洋戦争時には占領地における日本軍の略奪、レイプ行為が起こった。このような状況下で、日本軍の「性」を管理するためという名目で慰安婦制度が設けられた。慰安婦制度が広まるのは一九三〇年代の日中戦争期であり、陸海軍は戦地・占領地に派遣された部隊に「慰安所」を設置し、慰安所で性行為に従事する女性を慰安婦と呼んだ。

慰安婦や慰安所については、存在そのものを否定したり、軍の関与を否定する主張もある。しかし、日本の吉見義明や韓国の尹貞玉《ユン・ジョンオク》をはじめとする歴史研究者により、慰安婦や慰安所という用語が登場する日本軍関連の文書や、慰安婦を募集する新聞広告などの一次資料が確認されている。慰安所は一九三二年に上海に設置されたものが最初といわれ、その後、日本・朝鮮・台湾・中国・シンガポール・マレーシア・ビルマ・フィリピン・インドネシアなどの広範囲に置かれることになった。日本軍のいるところに慰安所ありという状況だった。

慰安婦には植民地である朝鮮、台湾の女性だけではなく、日本人の女性や占領地の女性たちも動員された。日本人女性は主に将校の相手をした。吉見義明『従軍慰安婦』によると東京で芸者をしていた菊丸（源氏名、本名は不明）は、トラック諸島の海軍士官用の慰安所へ送られた。そこへ行けば置屋の借金を軍が肩代わりしてくれると聞いて志願したという。日本人慰安婦の場合は、「特殊看護婦」と呼ばれ軍属扱いとなり、戦場で死んだら靖国の英霊になるともいわれ愛国心を利用した動員だった。

図３－２　中国・雲南省の慰安所にいた朝鮮人慰安婦たち（アメリカ国立公文書館［NARA］所蔵）

　それでは、朝鮮人女性の動員について見ていこう。元慰安婦の女性たちの証言やこれまでの研究によると、慰安婦に動員された女性の多くは教育をまともに受けられず、貧しい家庭出身の者が多かった。また、両親のどちらか、あるいは二人とも亡くなっていて、身寄りがいない女性も多かった（尹明淑『日本の軍隊慰安所制度と朝鮮人軍隊慰安婦』）。つまり、だまされやすく、突然いなくなっても探す人がいない女性がターゲットにされたといえよう。

　慰安所はどのようなところだったのか。慰安所は軍直営・軍専用・軍利用の大きく三つに分けられる。軍直営は各地の兵站《へいたん》司令部が直営し、軍人たちの利用料金を規定した。軍直営は主に海軍でおこなわれた。軍専用は軍の統制下にあるが、経営と管理は民間業者や遊郭の持ち主などがおこなった。軍利用は部隊の周辺の遊郭を占領し、慰安所にする制度だった。慰安所は軍の指揮命令系統の統制下にあり、軍人の管理者、民間業者または管理人、紹介業者、慰安婦で構成されていた。

　慰安所の利用にあたって、兵士には慰安所利用時間の厳守、性病予防法、料金が定められた。慰安所の開設には兵士の性病予防の目的があったため、慰安婦には定期的な性病検査の実施が義務付けられ、慰安所の管理者にも清潔維持が求められた。性病防止の道具として慰安婦にはサック（避妊具）が支給されたが、供給不足のため使用済みのものを再利用することもあった。そのため性病対策にはならなかった。また、サック使用を拒否する兵士や、慰安所以外で性病に感染した兵士が慰安所を利用することで感染が広がるケースなどもあった。慰安婦が妊娠した場合は、堕胎を強制された。慰安所の利用には軍票が必要であり、一人三〇分と決まっていた。女性たちは慰安所の部屋が自分の部屋であり、朝でも夜でも兵士の相手をしていた。

このように慰安所は軍の管理下、許可制度のもとで運営されていたことがわかる。また、先述のように慰安所は性病防止や占領地などでの強姦防止の目的があったが、いずれにおいても効果は得られなかった。

慰安所の状況

次に慰安所がどのように運営されていたのかを見てみよう。先ほど慰安婦の動員は身寄りのない、教育をまともに受けられていない女性が狙われたと述べたが、それでは動員する側は誰だったのか。前述のように、動員を示す資料としては、新聞広告がある。広告が掲載されたのは朝鮮で発行されていた『毎日新報』（朝鮮語）、『京城日報』（日本語）で、これらは総督府の御用新聞だった。慰安婦の女性のたちの多くは、教育をきちんと受けていないのでこの新聞広告は読めない。つまりこれらは業者などに向けたものだった。慰安婦動員における強制性や軍・官の関与を否定する言説として、広告による募集を根拠とする主張があるが、それが成り立たないことは明らかだ。

また、朝鮮人の渡航が一九四〇年代に緩和されたとはいえ、朝鮮人が朝鮮以外の地域に移動する場合、渡航証明書が必要だった。渡航証明書は地元の警察署長への申請が必要で、これを受けて警察署長は本籍、戸籍、家族関係、渡航目的などを調査する。慰安婦の多くは、朝鮮から中国や南洋、東南アジアへ向かったため渡航証明書なしでは移動ができない。つまり、警察署は女性たちがどのような目的で渡航するのかを承知したうえで、許可を出したことになる。さらにこれらの申請においては書類の作成が必要で、教育を受けていない女性たちは書類作成ができないため、業者が代理でおこなったケースがほとんどといえる。女性は本来の目的は知らないまま、日本やその他の地域で稼げる、勉強ができるなどの甘言に騙され、慰安婦となった。

それでは、資料を根拠に慰安所の運営状況を見ていきたい。次に取り上げる二つの慰安所の情報については、日本のアジア歴史資料センターにてオンライン閲覧できる資料をもとにしており、文書名やレファレンスコードから検索できることも明記しておきたい。

①中国欽州・南寧の慰安所について（昭和一五年七月六日、欽寧派憲警第四四五号「軍慰安所ニ関スル件報告『通牒』」レファレンスコード：C13031898700）

南寧の慰安所数は三二戸あり、従業婦（慰安婦）数は二九五人だった。一九四〇年六月の売り上げは一一万八二七四円、一人当たり一日平均一九円と記載されている。

欽州の慰安所数は一一戸で、従業婦六六人だった。同年六月の売り上げは三万三一一円で、一人当たり一日平均一八円を売り上げていることが、資料からわかる。
文書タイトルの欽州・南寧は現在の広西チワン族自治区に含まれる。

②英領アンダマン諸島の慰安所（昭和二〇年三月一八日第十二特別根拠地帯司令部「号外 昭和二十年三月十八日当分ノ間海軍慰安所利用内規ヲ左ノ通定ム」レファレンスコード：C14061140900）

英領アンダマン諸島には、海軍の慰安所が所在しており、慰安所の管理経営は海軍司令部が一括しておこなっていた。家屋は業者に無償貸与され、家具なども一時貸し出していた。島内の利用できる慰安所を、鶴・亀・松・竹・梅の五つの階級に分けていた。

鶴と亀は准士官以上が利用し短時間七円、二四時以降一五円で利用料を設定した。海軍准士官以外に海軍の文官、軍属の一等待遇以上、商社などの社員で海軍から特別に許可された人も利用でき、宿泊も可能だった。松は下士官以下が利用し下士官三〇分三円、兵二円だった。鶴と亀を利用できる准士官も夜間に利用できた。竹は施設部隊員用で一時間以内五円、梅は施設部以外の軍属や商社関係員用で一時間以内五円で利用できた。

なお、英領アンダマン諸島は日本軍がビルマ攻略の基地として一九四二年に占領し、のちに防衛拠点となった。一九四四年頃から激戦地となり、飢餓状態にあったともいわれているがこのような状況でも慰安所が運営されていた。このほか上海駐留軍関係資料には慰安所の業者名、慰安所名などの一覧の掲載があり、軍の関与があったことを明確に示している。

女性たちの動員とその影響

慰安婦となった女性たちは、どのような過程で動員されたのだろうか。募集記事などについては先ほど述べたとおりだが、被害女性たちの証言からいくつかに分類できる。詳細な証言については、先述の吉見義明『従軍慰安婦』、アクティブ・ミュージアム「女たちの戦争と平和資料館」編『証言　未来への記憶　アジア「慰安婦」証言集』がある。詳しい内容についてはこれらをご参照いただきたい。

動員において最も多かったのは騙された事例である。代表的な例としては、宋神道《ソン・シンド》、李英淑《イ・ヨンスク》、文《ムン・》必基《ピルギ》の証言がある。三名とも一六～一八歳のときに、日本や戦地で働かないかという甘言に騙され慰安婦となった。教育をまともに受けられず日本語ができない彼女たちを勧誘したのは、朝鮮人の業者だった。

騙された事例のほかには、身売りがある。証言によれば子どもが三歳になると引き離され、夫によって売春宿に売り渡された。置屋の借金がかさみ早く子どもと暮らしたいと思っていた女性は、「野戦病院での仕事がある」と誘われ借金もすぐに返せるといわれたため、仕事に応じたところラバウルの慰安所に送られた。また、アメリカ軍の捕虜関連資料に証言が残っていることで有名な慰安婦業者のキタムラの供述がある。それによると、キタムラは夫婦でビルマの慰安所を経営し、一九四二年に未婚の朝鮮人女性二二人を買い、親に三〇〇〜一〇〇〇円を支払ったという。キタムラを尋問したのは日系人のアレックス・依地だった。

このほか、軍人や警察官のような男性に日本語で話しかけられ、連れて行かれたというケースもある。慰安婦となった女性たちの多くは教育をまともに受けていなかったことから、日本語が理解できないため、わけもわからず連行された。また、当時の朝鮮社会では植民地支配そのものである軍人や警察官（巡査）は民衆に恐れられており、そのような恐怖心を「利用」したともいえよう。

慰安婦の証言については、その出来事のトラウマ、被害女性の教育歴などから、時系列や地名にむらがあったりするケースもあり、その点を慰安婦否定論者などにうまく利用されてしまう。しかし、これまで見てきたように、わけもわからず連れて行かれたり、日本語がほとんど理解できない状況で、地名や時系列を正確に覚えているということは困難だろう。これまで慰安婦問題を研究してきた歴史学者や社会学者も、その点には留意して緻密に証言の裏付けをしていることを読者には知っていただきたい。

本書ではこれまでの研究蓄積から、文玉珠《ムン・オクチュ》の証言を、「女たちの戦争と平和資料館」編『未来への記憶』から抜粋して取り上げたい。

朝鮮半島南部・大邱《テグ》出身の文玉珠は、一九四〇年に友人の家に遊びに行った帰り、軍服を着た日本人に日本語で話しかけられ、よく理解できないまま連れて行かれた。連れて行かれた先の満洲にある慰安所で働かされたが、それは一六歳のときだった。一年ほどたち、慰安所近くの部隊に所属する主計将校が、所帯を持って一緒になろうと文玉珠に言った。母親に会うために一度朝鮮に帰る、それから一緒になるとその将校に約束し、文玉珠は朝鮮に帰ったが、主計将校のもとには戻らなかったようである。

朝鮮に戻ってきたものの、慰安婦となったことで「もうだめにされた体」であるから、せめてお金を稼いで母親に恩返しをしようと考え、友人の誘いに乗って釜山へ向かった。食堂で働くと聞いて向かったが、たどり着いた先はビルマの慰安所だった。文玉珠はビルマを日本軍が占領した直後の一九四二年から四五年までの約三年間を当地で過ごした。文は夜間学校で学んだ経験があり、ビルマの地名や部隊名を正確に覚えていたため、証言の追跡調査・裏付けが可能だった。

証言によると、ビルマの慰安所で料金は兵士が一円五〇銭、下士官二円、将校は二円五〇銭だった。これは他の証言や当時の軍の規定、アメリカ軍がビルマで捕虜とした朝鮮人慰安婦らの尋問報告書ともほぼ同じ金額だった。朝食を食べたあと、九時から一六時頃まで兵士の相手をして、そのあと二二時頃まで将校の相手をし、それ以降は泊まり客の相手をしたという。

部隊とともにビルマ各地を転々とし、時には兵士に軍刀で脅されることもあったという。また日本人の「慰安婦」とともに将校たちに呼ばれ、朝鮮人慰安婦の中では「文原ヨシコ〔文玉珠の日本名・引用者注〕しかいない」と褒められたり、将校たちにお酌をしてチップをもらうこともあった。敗戦後、朝鮮に戻ることができたが家族からは人間扱いされず、辛い思いをしたという。

このように、慰安婦となった女性のほとんどが、教育をまともに受けられず身寄りがいない女性が狙われたことは繰り返し述べているが、たびたび女性が姿を消し行方不明になったと思っていたら戦地で慰安婦になっていた、といううわさが朝鮮社会に広がっていった。一四歳になると娘が連れて行かれる、という流言飛語もあったといわれている。そのため、娘を急いで結婚させたり、学校を中退させて田舎に隠すこともあった。

慰安婦の動員においては、騙す理由に教育や仕事を持ち出し、望みどおりにいかない朝鮮女性の弱みにつけこむものだったといえよう。軍部が朝鮮の伝統的な家父長制、男尊女卑をうまく利用して朝鮮人女性を慰安婦制度の中に組み込んでいった。また、慰安婦にならなかった女性であっても、望まない早婚、学校中退などの不利益を被《こうむ》っていた。戦時下の「性」の問題はさまざまな影響を与え、今もなお解決の糸口がつかめていない。慰安婦問題に関する第二次世界大戦後の国際社会の対応や被害女性の名乗り、日本政府への賠償問題などについては次章で詳しく述べる。

3　朝鮮戦争と女性たち

朝鮮の解放と分断

日本の植民地として、第二次世界大戦に巻き込まれた朝鮮は、一九四五年八月一五日に昭和天皇がポツダム宣言の受諾を公表したことで植民地支配から独立する。韓国ではこの日を光復節と呼び、北朝鮮では祖国解放戦争勝利記念日と呼ぶ。また、南北共通の概念として植民地支配からの「解放」という表現を使い、一九四五年八月一五日以降を「解放後」とも呼ぶ。

日本の敗戦が濃厚になってきた頃、連合国側はテヘラン・ヤルタ・ポツダムの各会談で、解放後の朝鮮や台湾の処遇を議論した。アメリカ政府は朝鮮にいる宣教師を通じて、朝鮮民衆の状況の下調べをしていたことも知られている。台湾については当事者であり連合国側が中国の支配者と目《もく》していた蔣介石を会談に招いていたが、朝鮮については誰が支配者といえるのかが明確ではなかったこともあり、当事者である朝鮮人は誰も会談には招かれなかった。つまり、当事者不在の状況で朝鮮の処遇が決定されたのである。

連合国の決定により解放後の朝鮮半島は北緯三八度線を境界にして、北半分はソ連、南半分はアメリカが分割統治することとなった。これは朝鮮人による自主的な国家運営をすぐにおこなうことは難しいという判断に加え、第二次世界大戦後の東西冷戦、米ソ対立に朝鮮が巻き込まれた結果ともいえよう。

朝鮮北部を占領したソ連軍は、一九四五年八月中に日本軍の武装解除を終え、九月にはソ連軍司令部内に民政部を設置し朝鮮人によって組織された人民委員会に行政権を移管した。一方、アメリカは一九四五年八月に朝鮮南部に進駐し、九月一一日には軍政庁を設置した。解放直後から日本人の引き揚げがおこなわれたが、事務引き継ぎや工場の技術引き継ぎなどで数年朝鮮に残る日本人もいた。

朝鮮の今後をめぐり、一九四五年一二月にはモスクワ外相会議が開催された。この会議には米・英・ソの三か国の外相が出席し、朝鮮民主主義臨時政府の樹立、その前段階として米・ソ・英・中が五年を期限として統治することを決議した。しかし、アメリカは長期の朝鮮統治を想定し、五年限りと考えていたソ連と対立した。外相会議の提案に基づいて一九四六年三月から米ソ共同委員会を開催するが、決裂のまま終わることとなる。米ソともに朝鮮を自国に有利な政治体制で「独立」させることを考えていた。また、分割統治は朝鮮人の間にイデオロギー対立を招き、社会主義化を嫌う資本家たちは朝鮮南部へ、反米共産主義の一部勢力は朝鮮北部へ移動してしまい、統一国家とはほど遠い状況となった。

このような状況ではあったが、朝鮮人は自主独立の国家を目指し、それぞれの立場から政治組織を結成した。南北の対立だけではなく、朝鮮内で独立運動をしていたグループ、国外の独立運動グループ、右派、左派が入り乱れる事態になった。代表的な政治団体として、独立運動家の呂運亨《ヨ・ウニョン》らによる朝鮮建国準備委員会、三・一独立運動後、上海で結成された大韓民国臨時政府の主席も務めた金九《キム・グ》、趙素昂《チョウ・ソアン》らによる韓国独立党などがあった。これら団体は朝鮮南部を中心に活動をおこなった。朝鮮北部では中国東北地域でパルチザン部隊（非正規の軍隊組織）を指導していた金日成らによる北朝鮮労働党、独立運動家で教育者でもあった曺晩植《チョ・マンシク》を中心に結成された朝鮮独立党などがあった。

このように南北が分割統治され、さまざまな政治団体が入り乱れ、朝鮮半島は混乱を極めていた。

それでも各団体は左右合作を模索し南北統一選挙を実施することにより、朝鮮の指導者を決めるための協議を進めていたが、その中心人物であった呂運亨の暗殺により挫折した。その結果、一九四八年五月朝鮮南部の単独選挙が実施され、一九八人の国会議員が選出された。朝鮮南部の動きを受け朝鮮北部でも金日成らを中心にして、一九四八年九月に朝鮮民主主義人民共和国憲法が施行され、国会議員に相当する最高人民会議の議員が選出された。朝鮮半島の南北に別々の議会が樹立したことで、南北単独国家の樹立は決定的になった。植民地支配からの独立によって朝鮮人の統一国家は実現できなくなってしまった。

南北別の単独選挙を経て、一九四八年八月一五日に大韓民国が建国、初代大統領には李承晩が就任した。その約一か月後の同年九月九日には朝鮮民主主義人民共和国が建国、初代国家主席には金日成が就任した。こうして朝鮮半島に二つの国家が樹立し、今もなお分断が続いている。

朝鮮戦争の勃発と休戦

南北に別々の政権が樹立したことにより、双方が自国こそが正統な朝鮮半島の国家であると主張した。北朝鮮は建国前の一九四八年二月には朝鮮人民軍を創設し、韓国は建国後の一九四八年九月に大韓民国陸軍の創設を皮切りに、海兵隊、空軍を相次いで創設した。別々の武力を備えた南北朝鮮は、その境界である北緯三八度線を挟んで小規模な武力衝突を繰り返していた。このような不安定な状況ではあったが、朝鮮戦争勃発までは南北往来は可能でもあった。

中国との緊密な関係を維持している北朝鮮は、解放後の国共内戦に毛沢東を支援するための義勇軍を派遣していた。この義勇軍は金日成とともに抗日パルチザン闘争をおこなっていた勢力が中心だった。国共内戦が一九四九年一二月に終わると義勇軍が帰還し、そのまま朝鮮人民軍に組み込まれた。一方、韓国では一九四九年六月に中国戦略、ベトナム内戦への支援などにより駐韓米軍が撤退した。これにより北朝鮮が軍事的に優位に立つことになる。

この頃から北朝鮮では親日派や旧地主らの処分が始まり、韓国では反共主義的な風潮が高まっていった。とくに韓国では一九四八年四月に、単独選挙をめぐる済州《チェジュ》島民の対立から派生した民衆蜂起を鎮圧する、という名目で民衆虐殺事件が起き（済州島四・三事件）、その民衆虐殺を命じられた軍隊が命令に抵抗し武力衝突する事件（麗順事件）が起きるなど、左右対立による虐殺や抵抗運動が頻発していた。かつて日本による植民地支配への抵抗運動が起きていた朝鮮は、独立後、同じ民族同士が対立する状況に陥ってしまった。

その極みとなったのが、朝鮮戦争の勃発である。一九五〇年六月二五日午前四時頃、小競り合いが続いていた北緯三八度線を朝鮮人民軍が越え南進した。この南進は韓国にとって青天の霹靂《へきれき》だったともいわれ、朝鮮人民軍は三日後にソウルを占領、七月二〇日には韓国中部の都市である大田《テジョン》を支配下に収め、九月までに南東部の釜山《プサン》、大邱を除く地域を占領した。ソウルを占領された大統領李承晩は釜山を臨時首都に定め、国連は安全保障理事会（安保理）を直ちに開催した。ソ連が欠席するなか開かれた安保理において、北朝鮮は「侵略者」とされ国連軍による武力介入が決議された。国連軍はアメリカ軍を中心として、イギリス・カナダ・オーストラリア・トルコ・ニュージーランドほか一六か国で構成された。しかし、実情はほとんどがアメリカ軍という状況だった。国連軍司令官にはダグラス・マッカーサーが就任した。国連の介入により、南北朝鮮の「内戦」ではなく国際戦争に発展したといえる。

マッカーサーは一九五〇年九月一五日、仁川《インチョン》上陸作戦を決行する。仁川は朝鮮西部にある港湾都市で、黄海を挟んで中国に面している。朝鮮人民軍としては中国がにらみをきかせている朝鮮半島西部から、国連軍に上陸されるとは考えてもいなかったのだろう。マッカーサーの上陸作戦は成功し、九月二八日にはソウルを奪還した。朝鮮人民軍の裏をかいた国連軍の作戦は成功し、人民軍は散り散りになって撤退した。勢いに乗った国連軍は一〇月二〇日に平壌を占領、一〇月末には中国国境付近にまで迫っていった。

苦境に立たされた金日成は毛沢東とスターリンに支援を要請し、中国は直ちに「抗美援朝」運動を展開した。ただしアメリカとの対立を避けるため正規軍を派遣するのではなく、中国人民志願軍、つまり非正規の義勇軍を組織させ参戦した。なお中国人民志願軍の司令官は、のちに中華人民共和国の初代国防部長に就任する彭徳懐《ほうとくかい》であり、毛沢東の長男・毛岸英《もうがんえい》（朝鮮戦争中に戦死）も従軍するなど、正規軍とほとんど変わりがなかったともいえる。また、スターリンは朝鮮戦争への支援を断ったとされていたが、近年の研究によりひそかに北朝鮮を軍事的に支援していたことが明らかになっている。

中国人民志願軍の参戦により北朝鮮はふたたび優位に立った。一九五〇年一二月には朝鮮人民軍が平壌を奪回、一九五一年以降は北緯三八度線を境界に戦線は膠着状態となった。この膠着状態は長く続き両陣営とも消耗が激しくなった。そのため休戦の提案が出されるが、司令官のマッカーサーはそれに断固反対し、一九五一年四月に国連軍司令官を解任された。また、韓国大統領の李承晩も武力統一を強硬に主張していた。休戦会談は一九五一年七月から対立と休会を繰り返しながら開催され、変わらず武力統一を主張する李承晩を除いて、米・中・朝の三か国によって休戦協定が結ばれた。協定締結の背景にはアメリカで朝鮮戦争の休戦を公約にして大統領に当選したアイゼンハウアー政権が成立したこと、ソ連ではスターリンが死去したことの影響があったといわれている。

休戦協定により協定発効当日の最前線が、軍事境界線に制定された。軍事境界線から南北に二キロ進んだ領域が、非武装地帯（ＤＭＺ）として設定された。二〇一九年に当時の韓国大統領文在寅《ムン・ジェイン》と北朝鮮の金正恩《キム・ジョンウン》が握手を交わした、軍事境界線のある板門店《パンムンジョム》は、休戦協定の監視をおこなう場所であり、南北間の臨時の会議を開催する場所としても機能している。

朝鮮戦争の被害と女性

朝鮮戦争の休戦は南北分断が固定化され、自由往来を不可能にしてしまった。これによって起きたのが、一家離散である。東西冷戦の代理戦争として、「熱い」戦争になった朝鮮戦争であったが、朝鮮の民衆からすれば一家離散、家族の行方不明、今なお続く南北分断をもたらしただけだった。

表3－1　朝鮮戦争の被害（軍人）
出典：韓国国防部軍史編纂研究所『統計でみる6・25戦争』2014年

	総数（人数）	死者（人数）
韓国国軍	621,479	137,899
国連軍	153,959	40,732
朝鮮人民軍	801,000	522,000
中国義勇軍	972,600	148,600

また、韓国が今もなお徴兵制を維持し東アジアにアメリカ軍が駐留するための口実として、そして北朝鮮が軍備拡張をおこなう口実としても、朝鮮戦争の休戦が作用している。休戦とは戦争が終わっていることを意味するのではなく、一時的に休止しているだけでいつ戦争が再開してもおかしくないからだ。

朝鮮戦争の被害については、正確な数は不明だが韓国国防部の発表によれば表3－1のようになる。

民間人については韓国側の死者・行方不明者は約一〇〇万人といわれている。左右のイデオロギー対立で、共産主義者あるいはアメリカの協力者とのレッテルを貼られ、無益に殺された民衆もいた。さらに戦乱を逃れ韓国側に避難してきた「避難民」、行方不明者を加えると膨大な数になる。なお第一九代韓国大統領の文在寅は、両親が「避難民」である。

アメリカ軍による平壌・清津・咸興《ハムン》への爆撃時には、B29が出撃した。このB29は日本の立川・横田・嘉手納などのアメリカ軍基地から出撃した。また、日本の防衛のために自衛隊の前身となる警察予備隊が創設された。このように朝鮮戦争は日本に再軍備と米軍支援による経済効果(朝鮮特需)をもたらし、戦後の高度経済成長の礎《いしずえ》にもなった。

それでは、女性たちは朝鮮戦争にどのように関わったのだろうか。男性のみが兵士として戦場に行った解放前とは異なり、朝鮮人民軍でも韓国軍でも女性が兵士として戦った。女性兵士は主に看護兵、通信兵を務め、朝鮮戦争を描いた北朝鮮の映画でも女性兵士が印象的に登場している。

このように戦争に「主体的」に参加した女性がいる一方で、従来の銃後の母、妻、そして戦争によって夫や父を失う女性が大半だった。夫を失った女性を示す未亡人はその字のとおり、未だ亡くならざる人という意味で、夫とともに死ななければならないのにまだ生きている妻という意味を含む。朝鮮戦争の被害者でもあるこれら未亡人は、韓国と北朝鮮の独裁体制により「口があっても語れず、語りたくても誰も聞かなかったため」沈黙するしかなかった。

北朝鮮の数値は不明だが韓国ではその実数については、一九五二～一九六三年の報道によると、三〇万～五〇万人にのぼると推算されている。韓国社会の戦争未亡人の多くが、一九二〇～三〇年代に生まれ植民地期の朝鮮を経験している。なかには慰安婦動員を避けるための「早婚」により、一〇代前半から半ばで結婚した人もいただろう。朝鮮戦争勃発時には、まともな結婚生活を送れていない状態で夫を失い、子どもを一人で育てなければならなくなった。また、寡婦は社会的な地位が低く、内職や各種労働で家計を支えるしかなかった。年金を受け取っている遺族も、年金をすべて婚家に渡すという事例もあった。

先に述べたとおり、朝鮮戦争では戦死も多いが、空襲や左右対立による民間人虐殺もあった。虐殺の犠牲者数が多い地域は信川《シンチョン》（黄海道）、老斤里《ノグンニ》（忠清南道）、居昌《コチャン》（慶尚南道）が挙げられるが、

「アカ」あるいは「資本主義の手先」というレッテル張りによって、無碍《むげ》に殺されていった人たちが多数いた。民間人虐殺においては、女性や子どもも当然のように殺された。また、女性は暴力の対象となり、「アメリカ兵が少女たちをレイプしていた」「アメリカ軍に逮捕された女性が拷問され暴力を受けていた」という生存者の証言もある。このような状況について、国際民主女性連盟(Women's International Democratic Federation, 通称ＷＩＤＦ）は一九五一年五月に国際女性調査団を朝鮮に派遣し、女性と子どもの被害を調査した。調査団の報告書は国際民主女性連盟を通じて国連に送付された。この報告書は日本民主婦人協議会が日本語に訳し、一九五一年末に『血のさけび』と題した冊子にして配布したが、ＧＨＱの弾圧により回収せざるをえなくなった。『血のさけび』は二〇一八年に復刻版が発行されている。

韓国政府は軍人・警察の遺族には年金などの国家補償をおこなったが、民間人虐殺においては今もなお真相究明が果たされていないことから、補償から除外されているケースもある。植民地期の戦争により慰安婦となった女性も、朝鮮戦争により虐殺や性暴力の被害に遭《あ》った女性たちも、まともな謝罪や補償を受けられずにいるのである。記録などには出てこないが北朝鮮も似たような状況だったといえよう。近年韓国では、朝鮮戦争時の民間人虐殺、女性や子どもの被害についての研究が進み、世論においてもこれらの真相究明が求められている。

このような戦争の被害は何も朝鮮半島に限られたことではないだろう。朝鮮半島の場合、戦争に共通する問題に加え、南北分断という一人の力ではどうにもできない大きな壁がそびえ立っていた。

朝鮮戦争中、北朝鮮の領域が激戦地となったため、朝鮮北部から南部に避難する人々がたくさんいた。北朝鮮から避難し韓国に定住した人たちを韓国では「失郷民」と呼ぶ。家族全員が無事に避難できたケースもあれば、避難中の混乱、出征などによって一家が離散するケースも多々あった。休戦協定後、韓国の国営放送KBS前広場には、行方不明者を探す張り紙が貼られ、家族探しの番組なども放送されるほどだった。二〇一四年公開の韓国映画『国際市場で会いましょう』でもその場面が象徴的に描かれている。寡婦として故郷から離れた失郷民の女性は、「貞操を守れ」という韓国社会の不文律により再婚もできず、貧困に陥ることも多かった。

朝鮮戦争後は男性性が強く求められる、いわばマッチョでホモソーシャル的な社会が南北両方に形成された。そのようななかで、女性はより「女性らしく」あることが求められていった。また戦争の歴史は勝った側の軍隊と負けた側の軍隊の話が中心であり、これまで女性の被害や女性の協力については見過ごされてきた。戦争・ジェノサイドと性暴力は密接に関係している。これは今もなお、世界中で続いている。

二人の初代ファーストレディ

大国間のイデオロギー対立に巻き込まれ、南北に別々の国家が成立した解放後の朝鮮にはさまざまな変化がもたらされた。女性に注目するならば、ファーストレディの登場が変化の一つといえる。これまで王朝時代には皇后・王妃はいても、ファーストレディは存在しない。皇后も王妃も「国

図3－3　韓服を着用したフランチェスカ・ドナー・リー（韓国学中央研究院所蔵）

母」と呼ばれ、後継者を産んでいるかどうかが重要とされた。ファーストレディは国家元首や首相夫人を意味し、その地位は世襲ではないため後継者の有無は関係ない。とはいえ、国家元首は男性であることを前提として、ファーストレディという地位が作られたことは、男女間の政治参加の不均衡を表してもいる。

大韓民国の初代ファーストレディは李承晩夫人のフランチェスカ・ドナー・リー（Franziska Donner Rhee）だ。フランチェスカは一九〇〇年オーストリア・ウィーンの商人の娘として誕生した。とても優秀な女性で、当時としては珍しく商業高等専門学校に入学し、卒業後は英語通訳をめざしてスコットランドに留学した。

フランチェスカがのちの夫となる李承晩を知ったのは、新聞記事だった。李承晩は国外で独立運動を繰り広げ、一九三三年には上海の大韓民国臨時政府の代表としてスイスで開催された国際連盟の会議に出席していた。ちょうど母親とスイス旅行中だったフランチェスカは、彼のインタビュー記事に目をとめた。すぐに李承晩が滞在しているホテルに新聞記事のスクラップを届け、そこから急速に親密になり、一九三四年ニューヨークで結婚した。

結婚後、李承晩はハワイで独立運動を展開した。ハワイ在住の朝鮮人は、独立運動家として名を知られていた李承晩の妻が外国人であることを好ましく思っていなかった。しかし、フランチェスカは教会などで音楽を教え、朝鮮人の子どもたちを一生懸命に世話していたため、次第に受け入れられていった。ハワイには日系移民同様に、一九世紀末頃から労働力として朝鮮人が移住しており、彼らは李承晩の独立運動を支援していた。フランチェスカも夫とともに朝鮮の独立運動に尽力していた。

朝鮮の解放後は、夫とともに帰国し単独選挙をめざす夫を支え、政策秘書のような役割も果たした。やがて夫が大統領に就任、ここに朝鮮史上初のファーストレディ・フランチェスカが誕生した。ファーストレディとしては福祉活動にも従事し、大統領府主催のパーティで朝鮮王朝時代からの慣習である妓生を呼ぶことをやめさせるなどの改革もおこなった。一九五五年にはソウルの中央大学校から名誉博士号も授与されている。一九六〇年に李承晩が大統領を辞任したのちは、夫とともにハワイへ亡命し、夫の死後、韓国へ帰国、一九九二年にソウルの自宅で亡くなった。

図3－4　左から、幼いころの金正日と金日成と金正淑（1946 ～ 47 年頃か）

北朝鮮初のファーストレディは、金正日の母である金正淑《キム・ジョンスク》である。金正淑は一九一七年朝鮮北部の貧農の娘として生まれた。一九三五年頃から金日成の抗日闘争に参加し、金日成の警護員を務めた。一九四〇年に金日成と結婚しソ連へ渡る。一九四二年に金正日を出産、一九四五年に朝鮮へ帰国し翌年長女の金敬姫《キム・キョンヒ》を出産する。一九四九年には第三子を死産し金正淑も亡くなるが、死因は出血性ショックとも子宮外妊娠ともいわれている。

早くに亡くなったため、ファーストレディとしての活動はほとんどなかったが、金正日の母ということで、神聖化されている。金正淑の死後、金日成は金聖愛《キム・ソンエ》と再婚するが、外交の場などに彼女が登場することはなかった。北朝鮮でファーストレディらしいプレゼンスを示すのは、金日成の孫、金正恩の妻である李雪主《リ・ソルジュ》の登場を待たなければならなかった。

COLUMN　朝鮮映画のスター文藝峰《ムン・イェボン》

文藝峰（一九一七〜一九九九年）は、一三歳より舞台女優として活躍、一五歳で映画デビューした。朝鮮初のトーキー映画『春香伝』（一九三五年）で主役の春香を演じ、一九四〇年代にはプロパガンダ映画にも出演した。映画『志願兵』（一九四一年）ではヒロインの芬玉を演じた。映画のストーリーは次のとおりである。

父と死別後、中学を中退し家業に従事してきた勤勉な青年・林春浩は、小作管理をほかの人物に任せるという通告を地主から受け、生計を心配する境遇になる。春浩は日中戦争を契機に、日本人と同じ「皇国臣民」なのに、朝鮮人には兵役義務がないことに悩む。しかし、朝鮮でも志願兵制度が実施されると知り、急きょ志願兵に応募する。春浩は出征の日、婚約者・芬玉に見送られながら軍用列車に乗る。『志願兵』は韓国映像資料院DBに所蔵されており、DVD販売もされている。

文藝峰は映画『君と僕』（一九四一年）で李香蘭とも共演している。解放後、文藝峰は北朝鮮へ渡り多くの映画に出演した。

図3－5　映画『君と僕』ポスター（在日韓人歴史資料館提供）

第四章　「戦う」女性たち
——独裁政権から民主化へ

本章ではさまざまな局面で「戦う」女性たちを取り上げる。韓国現代史は独裁政権との戦いの時代だった。独裁政権との戦いはこれまで男性中心に述べられてきた。ここでは女性のたたかいをクローズアップしていきたい。

1　独裁政権期の女性たち——女性運動の始まり

女性の政治参加

一七九二年フランスで世界初の男子普通選挙が実現し、二〇世紀初頭にはほとんどの主要国で男子普通選挙が実施されるようになった。日本では一九二五年に男子普通選挙法が可決し、二五歳以上のすべての日本人男性に選挙権が与えられた。一方、植民地の朝鮮では道・府・面の地方自治体に議決権を持たない諮問機関としての評議会・協議会が設けられた。評議会・協議会はほとんどが任命制で、一部の面では議員を選出するための選挙が制限的におこなわれてはいた。一九三〇年の朝鮮の地方制度改正により、評議会・協議会は道会・府会・邑会に名称が変更され、諮問機関から議決機関に変更となった。また、任命制だった道会の議員の選出は、府会・邑会議員による間接選挙制に変更された。

朝鮮人の参政権については、第二次世界大戦の進行と、朝鮮での徴兵制実施の議論が進むなかで進展した。一九四五年四月には衆議院議員選挙法・貴族院令が改正され、朝鮮からは七人の議員が貴族院議員に任命された。衆議院については朝鮮選出の議員数を二三人とし、税金一五円以上を一年納めた満二五歳以上の朝鮮人男性に参政権が与えられたが、敗戦により選挙は実施されなかった。ただし、日本に在住する朝鮮人男性には、大日本帝国の臣民として選挙権・被選挙権が与えられており、一九三二年・一九三七年の選挙で当選し二期にわたる衆議院議員を務めた朴春琴（ぼく・しゅんきん／パク・チュングム）がいる。

朝鮮人男性にはこのように段階的に選挙権が与えられたが、戦前の日本人女性・朝鮮人女性には選挙権は与えられなかった。日本では一九二四年に市川房枝らが女性参政権獲得運動を展開したが、植民地支配下の朝鮮では参政権獲得よりも朝鮮の独立や自治権獲得が優先された。

解放後、第三章で見たように南北両方で単独選挙が実施された。一九四八年七月に制定された大韓民国憲法には、第二五条、第二六条にすべての国民は選挙権・被選挙権を持つと明記され、女性たちには選挙権が「自動的」に与えられた。植民地支配と米軍占領を経て建国された大韓民国では、日本での女性参政権獲得運動や、デモや破壊活動を通じて女性の政治参加を訴えたイギリスのサフラジェットのような経験を経ることなく、韓国人女性に参政権が与えられたのである。

一九四八年五月に実施された南朝鮮単独選挙には、一九人の女性が立候補した。議員の定数は二〇〇人、立候補者は九四八人で、そのうち女性の候補者は二パーセント程度だった。候補者の中には植民地期に戦争協力をおこなった金活蘭《キム・ファルラン》もいたが、全員が落選した。しかし、一年後の補欠選挙で女性候補者の任永信《イム・ヨンシン》が当選した。ここに韓国史上初の女性国会議員が誕生した。

任永信は一八九九年、朝鮮半島中南部の忠清南道の地主の家に生まれた。裕福な家に育ち朝鮮のミッションスクールで教育を受けたのち、一九二一年に日本へ留学し広島基督女子専門学校で学んだ。卒業後は朝鮮で教員を務め、一九二三年に起きた関東大震災時の朝鮮人虐殺の写真と死亡者名簿を李承晩に渡すため渡米し、一九二五年南カリフォルニア大学に入学、一九三一年に同大学大学院で哲学修士の学位を取得した。一九五七年には南カリフォルニア大学から名誉博士号も授与されている。

帰国後は保育学校を設立しそこで教員を務め、のちに女性ながらも中央大学校の総長になるなど教育分野で活躍した人物でもあった。国会議員当選後は初代大統領・李承晩の側近となり、商工部長官（大臣に相当）も務めた。

女性の政治参加は緩やかに増加していった。一九五〇年代は植民地からの解放、朝鮮戦争の開戦と停戦という状況のなかで、ベビーブームが起こり韓国では人口が増加した。一方で、朝鮮戦争に出征した男性が戦死し、人手不足を補うため女性の社会進出が急激に進んでいった。

また、朝鮮戦争の影響により、韓国は急激に都市化していった。その背景には、朝鮮戦争時に朝鮮北部からの「避難民」がソウル、釜山、仁川などの都市部に居住したこと、農村の男性が朝鮮戦争の徴兵に取られ農業経営が難しくなり労働者が都市部に流れていったことなどがある。

このような都市化と男性人口の減少は、必然的に女性労働力を必要とし、女性の社会進出が進むと同時に政治にも参加するようになっていった。

女性団体の誕生

大韓民国建国後、韓国内では各種女性団体が組織された。これらの団体の主な目的は、宗教（主にキリスト教のプロテスタント）の布教、女性の地位向上、福祉援助などだった。これには朝鮮戦争の影響も大きく、戦争で家長を失った女性、南北に分断されてしまった離散家族が社会問題化し、女性団体の活動もこのような人々の救援や保護に集中した。また、南北朝鮮、左右対立の影響で右派イデオロギー色の強い女性団体もあった。以下、代表的な女性団体を紹介する。

最も有名な女性団体としては、大韓婦人会がある。大韓婦人会は一九四九年二月、アメリカ軍政期の独立促成愛国婦人会の後進団体やソウル市婦人会を統合して結成された。初代会長は独立促成愛国婦人会の副会長だった朴順天《パク・スンチョン》が就任し、名誉総裁として李承晩夫人のフランチェスカが就任した。

大韓婦人会は韓国の成人女性（満一六〜六〇歳）のすべてが会員であるとして、会員加入と会費納入を義務化した。韓国政府は大韓婦人会に運営資金を補助していたため、官製の団体といえる。一九五一年一二月には李承晩を党首とする自由党が発足し、大韓婦人会の会員は自由党への入党を求められた。初代会長の朴順天はそれを拒否し、一九五三年には大韓婦人会を去った。

大韓婦人会の主な活動は、李承晩の強硬論を支持すること、つまりは朝鮮戦争の停戦を拒否し韓国が朝鮮半島を統一する「北進統一」を主張する運動を展開することだった。大韓婦人会は李承晩政権下の反共政策・国家補強を支援する女性団体として評価されており、半官半民的な女性政治団体として政治権力との隷属性があった。大韓婦人会の活動は以後の女性団体活動にも大きな影響を与えた。

一九五二年には女性問題研究院が発足した。女性問題研究院は一九二〇年代から女性運動に取り組んできた黄信徳《ファン・シンドク》、のちに金大中《キム・デジュン》大統領夫人となる李姫鎬《イ・ヒホ》らが発起人であった。女性問題研究院は女性の法的地位改善のための本格的な活動をおこない、大韓婦人会とも協力して、女性の地位向上のための啓蒙活動を展開した。

この時期の女性運動は、官製の運動という性格が強い傾向にあった。独裁政権のもと女性解放運動の展開は難しく、政権に依存する形でしか運動をおこなえなかった側面もあるだろう。また、朝鮮戦争というインパクトのもとで女性がどのように生きていくかという点、とくに男性の人口減少に伴う女性の社会進出、夫や父親を失った女性の権利擁護が喫緊の課題となっていくなかで女性団体の活動は展開していった。

李承晩政権の終焉と朴正煕による軍事独裁体制の始まり

一九四八年に大統領に就任した李承晩は以後、一二年にわたり独裁体制を敷いた。憲法改正によって大統領の任期や就任回数を変更し、不正選挙をおこなうなど独裁者として君臨していた。また、徹底的な反共主義者でもある李承晩政権は、民衆の密告や不当逮捕を招いた。そのようななか、韓国市民の不満が爆発した。

きっかけは一九六〇年三月一五日に実施された、第四代大統領選挙である。一九六〇年、李承晩は八四歳というかなりの高齢であり、世論は「李承晩の後継者は?」という風潮が高まっていた。にもかかわらず、李承晩は大統領選に出馬し、官憲を動員した不正選挙をおこなうことで大統領に当選した。また、副大統領は民主党(野党)の候補が有力だったが、与党自由党の候補が当選した。

事件は慶尚南道馬山《マサン》で起きた。三月一五日の投票当日、民主党の選挙立会人が投票所から強制的に追い出されてしまった。これにより選挙は無効であるとして、学生と市民がデモをおこない警察が発砲、八人が死亡し五〇人以上が負傷した。デモは鎮圧されたが、デモのあとに行方不明になっていた高校生が、約一か月後に遺体で発見されたことにより市民たちの怒りが再燃した。

馬山での事件はソウルに飛び火し、四月一八日に高麗大学の学生がデモを実施し、翌一九日にはソウル大学と延世大学の学生たちもデモに合流した。学生たちのデモに市民も加わり、ソウル市内のデモ隊は二〇万人にも及んだ。デモはソウルだけでなく、釜山・大邱・光州など韓国各地に拡大した。

一九六〇年四月二五日には大学教授らが連名で「時局宣言」を公表した。時局宣言とは国内外の社会的な混乱にあたって、大学教授らがその解決を促す声明を発表することを表す。命がけで戦う学生に、教授たちが呼応したといえよう。結局、李承晩は大統領を辞し、妻のフランチェスカとともにハワイに亡命した。この一連の流れを四月革命、あるいは四・一九革命という。第三章で述べたとおり、フランチェスカは一九六五年に李承晩が死去したのち韓国に戻り、一九九二年にソウルで亡くなった。

李承晩の失脚後、一九六〇年七月に国会議員選挙がおこなわれ、尹潽善《ユン・ボソン》が大統領に就任した。大統領に権限が集中することを恐れ、大統領直接選挙ではなく議院内閣制による政治運営が実施された。尹政権下ではさまざまな民主的な改革が進められた。

しかし、四月革命から約一年後の一九六一年五月一六日、軍人の朴正熙《パク・チョンヒ》がクーデターを起こし、尹潽善は大統領の座を追われることとなった。尹政権による改革、李承晩政権崩壊後の南北統一世論の高まりなどに対し、軍部が不快感を抱いたことがその背景にあるといわれている。

クーデター軍はすぐにソウルを制圧し、政府の代替機関として国家再建最高会議を発足した。議長には朴正煕が就任した。一九六三年に朴正煕は大統領に就任し、徹底した軍事独裁政権を展開した。

李承晩も朴正煕もともに日本の植民地支配を経験している世代である。李承晩はアメリカ留学経験があり、上海やハワイで独立運動に携わった。一方、朴正煕は大邱の師範学校を卒業し、短期間ではあるが教師を務めた。教師を退職したのちは一九四四年満洲国国軍軍官学校を卒業、大日本帝国陸軍士官学校で短期間学び、満洲国軍の少尉として任官するという植民地エリートでもあった。独立運動家として活躍した李承晩と植民地エリートの朴正煕、対照的な経歴を持つ二人の男が韓国の「独裁」を象徴する人物になっていることは非常に興味深い。この二人に共通するものは、解放後の国家形成においてかつての宗主国の支配体制に倣《なら》っていることだ。これは朝鮮民主主義人民共和国の独裁体制にも同じことがいえるだろう。

朴正煕の大統領就任に伴いファーストレディになったのは、陸英修《ユク・ヨンス》だ。最初の妻と別れた朴正煕と朝鮮戦争の避難中に出会い結婚、のちに大統領となる朴槿恵《パク・クネ》をはじめ一男二女を設けた。

派独看護婦

朴正煕政権下の韓国は急速な産業発展を遂げる。経済成長の原動力は、ベトナム戦争への参戦だった。ベトナム戦争参戦による経済成長は、かつて日本において朝鮮戦争の司令部が置かれ日本国内の米軍基地が出撃基地になったことで朝鮮特需が起こり、それが高度経済成長につながったこととも類似している。このような現象は植民地主義の連続性を感じさせ、さらにインドネシアのスハルト、北朝鮮の金日成などアジアで独裁体制を敷いた指導者のほとんどが帝国日本の支配を経験していることにも注目したい。

経済成長にはたくさんの外貨が必要だった。そのため韓国は輸出拡大を国家プロジェクトとし、低賃金での雇用を進めた。低賃金の雇用対象者は女性で、とくに繊維・衣料関連の従業員の七五パーセントを占めていた。長時間労働に加え低賃金という過酷な労働条件を課されるなかで、女性が夜学で学び労働運動を展開するようにもなった。

朴正煕政権下では「出稼ぎ」も積極的に推奨された。とくに、当時の西ドイツに多くの韓国人男性が炭鉱労働者として（派独鉱夫）、韓国人女性が看護師として派遣された（派独看護婦）。映画『国際市場で会いましょう』（二〇一四年）でも主人公夫婦は、派独鉱夫と派独看護婦のカップルとして描かれている。

西ドイツは一九五〇年代に入り社会保障を充実させ、医療機関を受診する患者が増加した。医療従事者が慢性的な人手不足となるなかで、足りない人手を埋めるため、一九六〇年代に韓国からドイツへの看護師派遣が始まり、一九六六年から七六年までの間に約一万名の女性が派遣されたという。また、韓国国内では失業率が高まっていたこともあり、鉱夫や看護師として海外へ人材を送ることで、失業率の改善を図った。

西ドイツへ向かった理由は韓国よりも賃金が高いことが挙げられる。看護師たちは祖国の家族に仕送りをし、外貨の収入は韓国政府に恩恵をもたらした。しかし、韓国で正看護師としての教育を受けたにもかかわらず、ドイツ語の壁があったことから、トイレ掃除や遺体の清拭《せいしき》、食事介助など補助的な仕事に就く者も多かった。また、慣れないドイツでの生活にストレスを感じ、すぐに韓国に帰国してしまう者もいた。

一方で、ドイツでの生活に適応し、派遣期間が終わっても韓国に帰らず定着するケースもあった。派独鉱夫の中にもドイツにとどまる人が一定数いたようで、ドイツ在住の元鉱夫と看護師が結婚し定着するという現象も起きた。その影響もあり現在は在独韓国人二世・三世が誕生している。二〇二三年の在外同胞庁の調査によると、ドイツにはおよそ五万人の韓国系住民がいることが明らかになっている。

セマウル運動の女性

朴正熙政権下では、農村改革のため「セマウル運動」が展開した。セマウルとは、新しい村、新しいコミュニティ（「セ」＝「新しい」、「マウル」＝「村」）という意味で、農村を通じた国家の繁栄をめざすものだった。そのモデルは植民地期に展開した農村振興運動ともいわれ、朴正熙の独裁体制を強化する目的もあった。

女性たちもセマウル運動の従事者として動員された。セマウル運動をリードする女性は婦女指導者と呼ばれ、研修などを通じてセマウル運動の精神を農村に啓蒙した。婦女指導者の主な活動としては、生産奨励・マウル改善運動、家族計画運動の二つがあった。

生産奨励・マウル改善運動は、農村における生産性の向上、近代化された農村としての農民の生活改善・経済再建・教育活動を展開した。農村の主な働き手は男性であるが、女性も「補助的」な役割で農業生産に携わっている。その「補助的」な役割を強調するものだった。家族計画運動では、避妊や衛生観念、育児についての教育をおこなった。当時の韓国農村では「無計画な多産」が貧困の原因として問題視されており、それを改善するという目的もあった。また、避妊や育児などは女性がしっかりと考え責任を持つもの、というジェンダーの違いによる役割分担も強調された。

朴正煕は演説でセマウル運動の精神について、「先祖から受け継いだ民族の魂であり、人間尊重と自助、自治、自活の民主主義理念を創造的にこの時代、この国に再定立させた韓国国民精神の基調」であると語っている。つまりセマウル精神とは、「近代的」な精神であり、マウルを愛する愛郷心から、国家に貢献する愛国心までを包括するものだった。

婦女指導者になった女性はどのような人たちだったのだろうか。指導者は住民選挙によって選出されることが最も多く、次に周囲の人の勧め、マウル指導者の推薦などがあった。住民選挙とはいえ、農村というコミュニティの中で勧められて婦女指導者に立候補するケースが多く、形式的な選挙という性格が強かった。つまり、農村の中で有力な、あるいはセマウル運動に協力的な家の女性が指導者に選ばれたといえよう。

指導者に選ばれた女性たちは、先述のようにセマウル教育を受けた。政府は国家プロジェクトとして設置されたセマウル研修院に指導者を集めて、講習を実施した。講習では望ましい婦女指導者像について学んだ。愛国心と国家観に透徹した指導者の育成、外来品よりも国産品を愛すること、家庭儀礼準則を積極的に実践するよう教育がおこなわれた。このような教育は、都市部よりも家父長制的な傾向が強い農村で育った女性たちに、「愛国」「国家への忠誠」という思想をもたせる作用があった。

セマウル運動は朴正熙政権を支え、軍事独裁・開発独裁体制を維持するための全体主義的な組織となっていった。現在もセマウル中央会という組織が残っている。ただし、先述のようにセマウル運動は植民地期の農村振興運動をモデルとしており、植民地支配との「連続性」を想起させる政策でもあった。農村の女性に対しては、あくまで生活改善と家族計画を守ることを奨励し、女性の経済的自立は想定されていないばかりか家父長制を強化するような、農村で生産活動に貢献し「後継者」を産み育てるための役割をスムーズに果たすための「改善」が求められていた。

朴正熙はセマウル運動の現場をたびたび訪れた。そこに同行したのが、長女の朴槿恵だった。ファーストレディの陸英修は、朴正熙暗殺をもくろんだ在日朝鮮人青年・文世光《ムン・セグァン》により射殺され、その後、朴正熙は再婚せず朴槿恵がファーストレディ的な役割を果たしていた。朴槿恵のヘアスタイルは母親のものを模しているともいわれ、母親を殺された「悲劇のヒロイン」像が作りあげられたともいえよう。

2　民主化と女性たちの戦い

朴正煕政権の終焉と全斗煥のクーデター

朴正煕の軍事独裁は民衆の反発を呼び、そのうねりは次第に高まっていった。しかし、強権的な政治を続ける朴正煕の基盤はそう簡単に揺らぐことはなかった。「共産主義者」とレッテルを貼られた人たちが不当に逮捕、投獄される不安定な日々は続いていた。

そのようななかで、突如、朴正煕政権は終焉を迎えた。一九七九年一〇月、側近中の側近、中央情報部（ＫＣＩＡ）部長の金載圭《キム・ジェギュ》が、朴正煕と警護室長の車智澈《チャ・ジチョル》を殺害したのである。中央情報部は朴正煕政権下でさまざまな事件に関わった情報機関であり、その所在地から「南山《ナムサン》」とも呼ばれていた（この事件をもとにした映画に『ＫＣＩＡ南山の部長たち』［二〇二〇年］がある）。中央情報部は、韓国留学中の在日韓国人青年らが「北朝鮮のスパイである」という疑惑により逮捕された「学園浸透スパイ団事件」、一九七三年に日本滞在中の金大中が拉致された事件（金大中事件）を首謀したともいわれている。

金載圭が朴正煕らの暗殺に至った動機は明らかにされないまま、翌八〇年に死刑が執行された。学生運動の鎮圧について、慎重論を主張する中央情報部と強硬論を主張する警護室が対立し、朴正煕が警護室の主張を取り入れたためとする説、アメリカの介入があったとする説などさまざまだ。

朴正熙殺害後、済州島を除く韓国全土に非常戒厳令が発令された。夜間の外出は禁止され、集会も禁止された。大統領の死後は、国務総理を務めていた崔圭夏《チェ・ギュハ》が大統領代行を務め、のちに正式に大統領に就任した。崔圭夏は一九八〇年一月に改憲発議と国民投票を実施し、二月には朴正熙政権で弾圧されていた尹潽善、金大中らの公民権を回復した。これらの民主化をめざす動きを「ソウルの春」とも呼ぶ。「ソウルの春」は同名で映画化され、二〇二四年に日本でも封切りされた。

一方、崔圭夏大統領が就任した直後の一九七九年一二月一二日、軍部内でクーデターが起きた。一九八〇年初頭には軍の権力者、全斗煥《チョン・ドゥファン》が保安司令官・中央情報部長代理を兼任した。「ソウルの春」を受けて学生デモや労働争議が拡大していたが、軍はこれを武力で弾圧した。勢いを増した軍部はさらに非常戒厳令の拡大、政治活動の禁止、言論・集会などの規制、大学の休学を布告した。軍部からの圧力により崔圭夏は大統領を辞任、一九八〇年九月に全斗煥が大統領に就任した。ここに「ソウルの春」は終わりを告げた。

一九八〇年の光州事件

「ソウルの春」が保たれていた間、学生運動により停学処分になっていたリーダー層の学生が復学した。それにより、学生運動や市民運動がふたたび活性化し、全斗煥の軍事独裁政権への反対運動を展開、政権はそれを弾圧した。しかし、学生や市民たちは弾圧に屈することなく、運動を続けた。学生運動はソウルはもちろん、大邱や光州などの地方都市でも展開した。学生運動の拠点は各地方の大学だった。

解放後、韓国各地に大学が林立し、各道に一校以上の国立大学が設立された。一九八〇年の大学進学率は男性二三パーセント、女性二二パーセントで、ほぼ均衡という状態だった。とはいえ、大学の男女比においては男性が圧倒的であり、学生運動も男子学生が中心だった。

朴正熙暗殺後、民主化を求める市民の声は高まり続けていた。そして、一九八〇年五月一八日、事件は韓国南西部の光州市で起きた。

光州市は朴正熙の政治的ライバル、金大中の出身地である。光州は全羅南道《チョルラナムド》の道庁所在地であり、第二章で言及した一九二九年光州学生運動の舞台でもあった。韓国南西部の都市であり国立全南大学を有すること、地元出身の金大中を支持する民衆が多いことなどもあり、学生運動が活発な地域でもあった。

その光州に突如、空挺部隊が派遣された。作戦名は「華麗な休暇」であったと言われているが、公式な作戦名は判明していない。空挺部隊は軍用機で光州に到着後、全南《チョンナム》大学正門前で学生たちと衝突した。学生運動を鎮圧する部隊は、正門よりも中に入らないことが「ルール」となっており、学生運動の「最前線」は大学正門だった。

全南大学の学生らは大学から光州駅前に移動して抵抗するが、約四〇〇人が空挺部隊によって連行された。それを知った二万人ほどの光州市民は、抗議のデモをおこなった。学生・市民らによるデモ隊は全南道庁を占拠し、そこを拠点にして空挺部隊・軍隊と戦った。全南道庁近くの錦南路《クムナムロ》の道路にはタクシーやバスが大挙して押し寄せ、全南道庁へ向かおうとする軍隊の進路をふさぎ、負傷者を運ぶなど、デモ隊への協力を惜しまなかった。

光州市民の抵抗は続くが、武装し十分な武器弾薬を備えた空挺部隊に勝てるはずはなかった。空挺部隊が一度撤退し、光州市内は勝利のムードが漂っていたが、空挺部隊はふたたび進軍し五月二七日に一斉攻撃が開始された。一時間ほどで全南道庁は占拠され、これにより光州事件は「終結」した。

韓国政府の徹底した情報統制により、韓国では光州で「暴動」が起きていると知らされていた。北朝鮮の扇動によるもの、北朝鮮のスパイが起こした暴動とまで報道されていたという。一方で、海外のメディアは光州事件の情報をつかみ、ドイツ人ジャーナリストのヒンツペーターが光州に潜入取材し事件を報道した。

光州事件では多数の死者が出たが、正確な数については今もなお調査中である。光州事件を調査している五・一八民主化運動真相究明調査委員会による二〇二三年上半期『調査活動報告書』によると、死亡者の総数は一六六人で女性の死者は一二人、一四歳以下の死者は八人だった。二〇代の死亡者が最も多く半数近くを占めている。事件後、多くの遺体は清掃トラックに載せられ、光州郊外の望月洞《マンウォルドン》に葬られた。犠牲者の墓地は整備されないままだったが、韓国社会の民主化、光州事件関連記録がユネスコ世界記録遺産に登録されるなど、世界的に注目されるようになった一九九〇年代後半以降、段階的に整備されて国立墓地となった。

民主化の実現

光州事件は先述のように、北朝鮮のスパイが先導したもの、暴徒が起こした暴動などと韓国国内では報じられていたが、海外メディアの報道、当事者の証言、光州事件の犠牲者のため一九八一年に作られた『あなたのための行進曲（임을 위한 행진곡）』という歌を通じ、一部の韓国市民の知るところとなった。光州事件の衝撃は多くの学生・市民を反政府運動へと向かわせた。

運動の高まりを政府も無視できなくなり、一九八三年には社会運動の規制を緩和し、夜間外出禁止令を解除した。一九八五年には第一二代国会議員総選挙がおこなわれ、与党の民主党が一四八議席を獲得するも、野党勢力の金泳三《キム・ヨンサム》、金大中、金鍾泌《キム・ジョンピル》らが躍進した。なお女性議員は定数二七六議席中八人が当選した。多くの議席を獲得した野党は、大統領直接選挙制の復活を含む改憲案を提出し、野党対与党・軍部という構図が作られた。

四〇年近く続く独裁体制は、市民を疲弊させ、また不満や不信を募らせていった。そのため洋楽などの文化を開放するといった「懐柔策」も実施され、一九八八年にはソウルでのオリンピック開催が決定していた。

オリンピック開催を一年後に控えた一九八七年、学生運動のリーダーであった朴鍾雲《パク・ジョンウン》の居所を吐かせるため、彼の後輩であるソウル大学の朴鐘哲《パク・ジョンチョル》が警察に連行された。朴鐘哲はソウル駅近くの南営洞《ナムヨンドン》にある治安本部対共分室に連行され、水責めの拷問中に窒息死した。

警察は応急処置のため対共分室に医師を呼んだが、その際に「水を飲みすぎて倒れた」など虚偽の申告をしていた。拷問室内の状況や蘇生術をするなかで医師は拷問による死亡を疑い、司法解剖されるよう「死因不明」という診断書を書いた。警察側は拷問死を隠蔽するため遺族との対面なしに火葬しようとするが、検察の崔桓《チェ・ファン》公安部長が遺体保存命令を下した。医師のリークや公安部長の行動により、朴鐘哲の拷問死は韓国を揺るがすスクープとなった。事態を収拾するため警察は会見を開き、拷問中に「机をタッと叩いたらオッと叫んで死ぬとは」と証言し、それがさらに市民たちの怒りに油を注ぐ結果になった。その後、事件をめぐる報道は激化し、学生や市民も大規模なデモをおこなった。

一九八七年六月九日、ソウル中心部にある延世大学正門で、朴鐘哲の追悼デモが実施された。警察はデモを鎮圧するため催涙弾を投下したが、その破片が延世大学学生の李韓烈《イ・ハンニョル》の頭を直撃した。スタジャン・デニム・スニーカーという当時の男子学生に流行していたファッションに身を包んだ李韓烈が、頭から血を流し抱えられる姿をとらえた写真が新聞記事に掲載されると、韓国各地に怒りの声が沸いた。

翌六月一〇日にはソウルで「国民大会」が開催され朴鐘哲拷問死の真相究明、催涙弾の使用停止などを政府に求めた。運動は全国に展開し、光州では二〇万もの人々がデモに参加した。これらの動きは六月二六日に最高潮に達し、「民主憲法争取国民平和大行進」となった。平和大行進では三〇〇〇人以上が連行された一方、派出所や警察の装甲車両が破壊されるなど鎮圧側の被害もあった。

政府は事の重大さを認識しながらも翌年にオリンピックが控えているため、警察や軍隊によって強硬的にデモを鎮圧することはできなかった。また、全斗煥をバックアップしていた当時のアメリカ大統領レーガンも民主化を促す親書を送った。もはや民主化の波は止められないほど高まっていた。一九八七年六月二九日政府は「民主化宣言」を発表し、大統領直接選挙制、言論の自由、拘束者の釈放、運動家の赦免・復権などを認めた。ここにようやく、韓国は民主主義国家として歩み始めるのである。

李韓烈は長らく意識不明の重体だったが、民主化を見届けたかのように、七月五日息を引き取った。

独裁政権と戦う女性たち

朝鮮戦争後の韓国社会は独裁政権との「戦い」の日々だった。反政権のデモ、光州事件、一九八七年の民主化抗争で注目されるのは、武器を持って前線に立った男性たちだった。民主化が実現してからも男性中心の社会構造は変化することなく、兵役義務も維持されていることから、「マッチョ」でホモソーシャル的な雰囲気が続いていた。しかし、独裁政権と戦い、嘆き、傷ついた女性たちはそこにいた。

民主化を実現するまで、韓国社会は多くの犠牲者を出した。先述の朴鐘哲や李韓烈のように戦いの果てに亡くなった大学生、デモ隊の近くにいたため巻き込まれた市民、光州事件では自宅に入った流れ弾が当たって亡くなった人など、さまざまな犠牲があった。家族を亡くし残された母親・妻・娘たちは死因の真相究明を求め、戦った。

李韓烈の母であるペ・ウンシムは平凡な主婦だったが、息子が負傷し死亡したことをきっかけに、民主化運動に身を投じた。「息子の遺志を継ぎたい」という一心だったという。民主化が実現したのちは、デモや拷問で亡くなった遺族の会である「全国民族民主協議会」に参加し、会長も務めた。ペ・ウンシムは会長として国会前での座りこみもおこない、民主化運動補償法・疑問死真相究明に関する特別法の立法を導いた。彼女の戦いは、息子の死から始まったといえよう。

独裁政権と戦う女性たちは民主化を求めつつも、ジェンダー規範から抜け出せずにいた。独裁政権、とくに朴正煕大統領から始まる軍事独裁政権と戦うなか、民主化運動は「軍隊化」した。強権的な政治への批判への抵抗は武力と力であり、その中心は男性だった。

それでは女性たちは民主化運動にどのように関わったのだろうか。光州事件では二つの女性の類型がみられる。「光州事件と女性」といわれたとき、韓国人の多くは光州事件のレクイエムでもある『あなたのための行進曲』で追悼されている、朴玑順《パク・キスン》を思い浮かべるだろう。朴玑順は全南大学在学中に、図書館籠城などのデモ行為をおこなったことを理由に除籍処分を受けた。その後は労働運動に従事し夜学を開設して、労働者の権利向上のため力を尽くしたが、一九七八年の冬、朴玑順は暖房に使用していた練炭が原因で一酸化炭素中毒の事故により亡くなった。

朴玑順と恋愛関係にあったといわれているのが、光州事件当時、民衆のスポークスマンであった尹祥源《ユン・サンウォン》である。尹祥源は民衆側の中心人物として活躍し、軍の総攻撃で亡くなった。この二人の追悼と魂の結婚式のために作られた歌が、先述した『あなたのための行進曲』だ。朴玘順は光州事件に関わってはいないが、『あなたのための行進曲』とともに想起される女性である。

光州事件では女性たちが集まり、おにぎりを作って、武装した市民軍の胃袋を支えた。事件当時はもちろんこの女性たちの姿は韓国で知られていなかったが、光州事件の真相が知られるなかで「おにぎり部隊」の存在も知られることとなった。光州は朝鮮半島随一の米どころであり、武器を取ってたたかう男性を支える女性たちの姿がそこにあった。

主婦世代がおにぎりを握って戦いを「銃後」から支え、女子大生・女子高生たちは看護師的な役割を担った。負傷者の手当、遺体の清拭、遺体の運搬の手伝いなどだった。なかには遺体の運搬中、銃撃され後遺症が残った女性もいたという。

図４−１　生前の朴玘順（尹祥源記念事業会所蔵）

「民主化の実現、独裁政権との戦い」という大義名分を果たす役割は男性が担い、食事・医療というケアの面を女性が担う構図は、ジェンダー規範・家父長制そのものではないだろうか。民主化運動は独裁政権という社会の矛盾をただすための戦いだったが、そこに「男女平等」は存在しなかった。強権的な政権との戦い、男性の軍隊経験は、運動の中心に女性が置かれることを妨げ、あくまでも男性主導でおこなわれていった。

民主化運動においては女性への性暴力も問題になった。主には警察による拷問中の性暴力である。性暴力の被害に遭った女性たちはＰＴＳＤに苦しみ、誰にも語れず沈黙することも多かった。光州事件での性暴力については、韓国で性暴力被害を告発する#MeToo運動が活性化した二〇一八年に、キム・ソノクが取り調べの最中に受けた性暴力を告発した。キム・ソノクは光州事件当時、全南大学の音楽科に所属し、いわゆる運動圏（民主化運動に関わる人々）とは関係のない女子大生だった。市内に本を買いに出かけたときに市民軍に合流し、放送部隊に入ったという。市民軍鎮圧のための軍隊が投入されるなか、何とか逃げ延びたが、一九八〇年七月に潜伏先で連行された。キム・ソノクは殴る、蹴るなどの拷問を受け、約二か月後に拷問から解放された。翌日には釈放される、と言われたその日、突然取調室から外に連れ出され、そこで強姦された。彼女は四〇年以上も沈黙し、ようやく告発することができたのである。

一九八六年にはソウル近郊の都市・富川《プチョン》の警察署で性拷問事件が起きた。ソウル大学校に通っていた権仁淑《クオン・インスク》は当時の学生運動・民主化運動で主流だった偽装労働により、富川の工場で働いていた。偽装労働とは大学生が工場労働者として潜入勤務し、労働運動を指導するという民主化運動の一つのスタイルである。高学歴の青年が工場に就労することは疑わしいということで、身分証明書の偽造、書類の改ざんなどがおこなわれていた。警察はそれを取り締まるため、工場側に身分証明書の確認を徹底するよう通達したが偽装労働はなくならなかった。

富川警察署に連行された権仁淑は取り調べに対し、身分証の偽装・偽装労働を認めた。自身の罪を認めた権仁淑への取り調べはこれで終わるはずだった。しかし、富川警察署の警部文貴童《ムン・グィドン》は後ろ手で手錠をされ抵抗できない状態の権仁淑を強姦し、民主化運動の仲間の居所を吐くように迫るなど、性拷問をおこなった。

権仁淑は釈放され、取り調べ中に起きた性暴力を告発したが、警察や権力の側はこれを認めなかった。しかし権仁淑の告発を受け、民主派の弁護士や女性団体が支援し、真相究明団体などが設立された。一九八七年民主化宣言後、文貴童は実刑判決を受けた。

権仁淑の告発はこれまで性暴力について沈黙せざるをえなかった女性たちの力となり、また民主化後の韓国フェミニズム運動の萌芽ともなった。権仁淑はのちにフェミニズム研究者となって、著書『大韓民国は軍隊だ（대한민국은 군대다）』（邦訳『韓国の軍事文化とジェンダー』）で軍事独裁政権と学生運動が内包するジェンダーの問題を明らかにした。とくに学生運動において性差別的な文化があること、学生運動の中で女性性を否定するため女性が喫煙をしていたことなどについて言及している。

権仁淑のように性暴力被害を告発した女性は少なく、多くの女性たちはキム・ソノクのように沈黙を続けていた。しかし韓国社会は数十年の沈黙を破り性暴力の罪を告発した女性たちを支援した。キム・ソノクの告発は「五・一八戒厳軍性暴力調査団」へとつながり、約五か月にわたって真相究明のための調査が実施された。民主化後も女性たちの戦いは続いている。

トとなった。

3　民主化後の韓国社会と女性——新たな戦い

解放後の女子教育

解放後、韓国社会は急速な発展を遂げた。ベトナム戦争参戦による経済発展は、韓国人の所得増加をもたらし、義務教育制が実現する以前である一九八〇年代の中学校就学はほぼ一〇〇パーセントとなった。

植民地期の女子高等普通学校は女子高等学校となり、地域の進学校として今もその位相を保っている。一部の地域を除いて旧制中学・高等女学校が共学化した日本とは異なり、韓国では植民地期に設立された公立の男子校・女子校はそのまま維持される形になった。日本と韓国を占領していたアメリカ軍は日本においては原則共学化を進め、共学化への反発が強かった北関東地域でのみ男女別学が維持された。韓国においてはおそらく男女別学を維持したほうが占領がスムーズであると考え、男女別学を維持したのではないだろうか。アメリカ軍政の方針は戦前の日本を「否定」することであり、本来ならば韓国でも男女共学を実現したかったといえる。しかし占領を容易ならしめ韓国を親米国家にするためには、共学は時期尚早と考えたのではないだろうか。

初等学校が義務教育化され、中学校にも対象者がほぼ全員通う状況において、高校への進学率も同時に上がっていった。韓国内には多くの高校が設立され、外国語高校・文化芸術系の高校など特殊高校も開校した。とはいえ、女性は中卒・高卒で学歴を終えることも多く、事務のような補助的な仕事や介護や子守などのケアワークに従事することが多かった。

しかし、段階的に女性の大学進学率は伸びていった。第二章で触れたように植民地期に高等教育を志す女性は、朝鮮内でのごく限られた教育機会あるいは日本やアメリカで学ぶしかなかった。解放後、朝鮮唯一の大学だった京城帝国大学はソウル大学校として再出発し、韓国初の国立大学となり開校当初から女性も正規学生として受け入れた。その後、韓国各地に国立大学が設立されていった。植民地期に男子のみが学ぶ専門学校だった延禧・セブランスは延世《ヨンセ》大学校に、普成は高麗《コリョ》大学校になり、やはり共学化した。ソウル大を含めたこの三校はＳＫＹと呼ばれる韓国一の名門大学に発展し、優秀な女子学生が育っている。

女子向けの専門学校だった梨花《イファ》・淑明《スンミョン》もそれぞれ女子大になった。とくに梨花女子大学校はＳＫＹと並ぶ名門校となり、フェミニズム研究でその名を知らしめている。梨花女子大学校の初代学長には、国会議員に立候補した金活蘭が就任した。

それでは実際に女性の大学進学率はどのような状況なのか、本章が主な対象とする一九六五〜二〇〇〇年度の大学進学率の推移を表４‐１にまとめてみた。

五年ごとの推移だが、全体の高卒者・進学者は総数・女子ともに、一九六五〜二〇〇〇年度の間で例外はあるものの基本的に増加している。当初は女子の高校卒業者数が総数の三分の一程度だったが、一九八〇年以降徐々に増加し二〇〇〇年になるとほぼ半数を占めるようになった。一方で、

表4－1　韓国における女子の大学進学率（1965～2000年度）
出典：韓国教育開発院『教育統計年報』各年度版

年度	高校卒業者（人数）		大学進学者（人数）		大学進学率（％）	
	総数	女子	総数	女子	総数	女子
1965年	115,776	36,529	37,378	12,526	32.3	34.3
1970年	145,062	51,585	39,073	14,748	26.9	38.3
1975年	263,369	102,058	68,055	25,396	25.8	24.9
1980年	467,388	193,077	110,817	43,505	27.2	22.9
1985年	667,779	289,372	233,737	98,694	36.4	34.1
1990年	761,922	354,836	252,831	114,839	33.2	32.6
1995年	649,653	311,538	368,164	155,272	51.4	49.8
2000年	764,712	370,076	333,950	155,272	68.0	65.4

女子の高校卒業者数は増えているものの、大学進学率においては男性よりも数ポイント少ない。とはいえ、ほぼ男子と同じように進学率が伸びていることがわかる。植民地期に教育機会から遠かった女性たちの、バックラッシュ（反動）現象ともいえるだろう。

元「慰安婦」の名乗りと戦いの始まり

民主化を迎えた韓国社会にはさまざまな変化が訪れた。公的な女性支援のための団体、性暴力の告発を助け被害女性をサポートする団体など、多くの団体が結成された。男女平等が謳《うた》われ、そして何よりも大きな変化は、どのような主義主張を唱えても簡単に逮捕・投獄されない世界になったことだろう。

民主化から三年が経った一九九〇年、金学順《キム・ハクスン》はテレビで「日本は慰安婦問題に関与していない」という趣旨の発言を聞いた。この発言は、日本の清水傳雄労働省職業安定局長（当時）のものと思われる。一九九〇年の参議院予算委員会で、本岡昭次議員が政府に対し日本軍「慰安婦」問題の調査を要請したところ、清水は次のような発言をした。

「従軍慰安婦なるものにつきまして……やはり民間の業者がそうした方々を軍とともに連れて歩いている」。

それゆえ調査は難しく日本軍は関与していないと発言したことを、韓国のニュースが報道していたのだった。それを聞いて、元慰安婦だった金学順は黙ってはいられなかった。さまざまなリスクを抱えながらも、一九九一年ついに元「慰安婦」であったことをカミングアウトし、日本政府の発表は誤りであると告発した。

金学順の告発は韓国社会・日本社会そして国際社会にインパクトを与えた。高齢の金学順の告発をサポートしたのは、韓国挺身隊問題対策協議会（挺対協）である。もともと一九四四年に日本で女子挺身勤労令が発令されて朝鮮でも挺身隊が組織された。挺対協はその挺身隊をめぐる問題への対応のために一九九〇年に結成された団体だった。挺対協は挺身隊における女性労働の実態の解明、支援、研究のために活動したが、挺身隊問題だけではなく、戦争をめぐる女性のさまざまな問題を研究した。その一環として、金学順のカミングアウトを支援した。

金学順のカミングアウトは韓国と国際社会を動かした。韓国政府は元慰安婦の女性たちに一時金と支援金を支給し、公営住宅への優先入居、医療支援などをおこなった。元慰安婦は約二〇万人いたともいわれているが、正確な数字はわかっていない。戦時中の混乱もさることながら、日本軍の慣例となっていた証拠隠滅のための書類焼却もその原因だろう。私たちが知りうる人数は韓国政府が調査し元「慰安婦」として登録した数が二四〇名であること、二〇二四年四月に公表された生存者は八名であるということだけだ。

一九九二年には日本軍慰安婦問題解決のため、アジア連帯会議が開催され、二〇一五年まで続いた。会議では慰安婦問題を民族の問題を超えて、「戦争と女性の人権」問題にその意味を拡張させた。慰安婦問題は第二次世界大戦中に起きたことではあるが、朝鮮戦争、ベトナム戦争、各地の内戦や民族紛争で多くの女性たちが戦時性暴力の被害に遭ってきた。日本軍慰安婦問題を発端として、地球上のさまざまな性暴力の問題が議論されるようになったともいえよう。

そして慰安婦問題が国際化することによって、元慰安婦たちの戦いの日々が始まった。元慰安婦の女性たちは毎週水曜にソウル中心部の日本大使館前に出向き、日本政府に対し謝罪と真相究明を求めるデモを開始した。デモには元慰安婦の女性たちだけではなく、女子学生たち、女性団体、市民団体や外国人支援者などがともに参加した。

このデモ活動は水曜デモと呼ばれ、一九九二年宮沢喜一元首相の訪韓をきっかけに始まった。この時点で還暦を超えていた元慰安婦たちだったが、杖をつきながら、車いすに乗りながらデモに参加した。デモは回数を重ね二〇二三年六月までに一六〇〇回を数え、現在も継続している。

「慰安婦」問題と国際社会

金学順のカミングアウト、そして韓国政府の対応は国際社会にも影響を与えた。口火を切ったのは一九九六年の国連人権委員会におけるクマラスワミ勧告である。

事務次長（当時）のラディカ・クマラスワミは世界の戦時性暴力について調査し、このなかで慰安婦問題についても言及した。調査内容についての誤り、資料の誤認などもあり検討が必要な報告ではあるが、慰安婦問題を国連で報告したことに最大の意義があるといえよう。クマラスワミは、「慰安婦制度は性的奴隷制で人道に対する罪である。二国間条約など国家間条約では未解決で、日本政府に法的責任がある」と勧告した。

一九九八年国連人権小委員会ではゲイ・マクドゥーガルが、「武力紛争下の組織的強姦・性的奴隷及び奴隷制類似慣行に関する最終報告書」を発表した。ここでは日本政府は慰安婦問題に対する法的責任を認め、賠償のための措置を早急に取るように勧告した。

なぜ国連でこのような報告がなされ、元慰安婦の女性たちは日本政府に謝罪と真相究明を求めるのだろうか。

解放後、韓国と日本は国交樹立のための日韓会談を一九五〇年頃から開始した。国交樹立までの間、会談を何度も重ね一進一退の状態が続いていたが、朴正熙が大統領に就任したのちから国交正常化交渉が大幅に進展した。一九六五年六月二二日に日韓基本条約が締結され、ここに日本と韓国の国交が樹立する。

国交正常化にあたって重要だったのは、一九一〇年から一九四五年までの植民地支配に対する賠償だった。賠償には徴兵や徴用など、日本の戦争に動員された朝鮮人に対する補償も含まれるはずだった。しかし、朴正熙は個人の賠償については交渉をせず、韓国政府に対し日本政府が五億ドルの経済協力をおこなうという形で決着をつけた。つまり、戦争の被害に遭ったあらゆる個人の賠償は無視され、植民地支配や日本の戦争に動員された被害者への謝罪もないまま国交正常化を迎えたのである。日韓の対話で慰安婦問題は取り上げられず、元慰安婦は独裁政権下で自分たちの被害を語ることもできなかった。元慰安婦たちの声は、第二次世界大戦が終わって四〇年以上が経ってようやく私たちのもとへ届いたのである。

慰安婦問題は国連だけではなく研究者にも影響を与えた。その中心的人物が、第三章でも紹介した元中央大学教授の吉見義明だ。吉見は市ヶ谷の防衛研究所に足しげく通い、慰安婦に軍が関与している証拠資料を多数発見した。吉見はそれらを公表し、政府はおひざ元である防衛庁（当時）に所蔵されていた資料があったことから、旧日本軍の関与を完全に否定することはできなくなった。

韓国では尹貞玉《ユン・ジョンオク》が慰安婦問題研究の先駆者といえるだろう。尹貞玉は一九二五年生まれで植民地期に梨花女子専門学校で学び、解放後、梨花女子大学となった母校に再入学した。バックグラウンドこそ異なるが慰安婦被害者たちと同世代の女性だ。尹貞玉は一九八〇年頃から女子挺身隊・慰安婦についての調査を開始し、挺身隊問題を『ハンギョレ新聞』に掲載、その後、挺対協を立ち上げ研究・運動の両面から元挺身隊・元慰安婦の女性たちを支援した。

このように資料に基づいた軍の関与が明らかになったことによるバックラッシュとして、日本においては、軍の関与はない、慰安婦は高額の給与をもらっていた、など慰安婦問題を曇らせるさまざまな主張が登場することとなった。また、慰安婦は軍人たちと同志的関係であったと『帝国の慰安婦』（朝日新聞出版、二〇一四年）で述べた朴裕河《パク・ユハ》、被害者の声に耳を傾けず一方的な「合意」を締結した朴槿恵元大統領らが世間を騒がせるなど、韓国内での問題も発生した。元慰安婦たちは自分たちの存在を否定／軽視しようとする勢力とも、戦わなければならなかった。

女性の権利を求める戦い——家族法改正、女性労働運動、妓生観光反対運動

韓国の女性たちは民主化実現のためだけではなく、女性の権利獲得や女性擁護のためにも戦った。すべてを取り上げることは難しいため、いくつかポイントとなるものを取り上げよう。まずは家族法改正運動である。

解放前の朝鮮では女性弁護士の誕生を見ることはなかったが、朝鮮戦争さなかの一九五二年韓国初の女性弁護士が誕生した。司法試験合格時に四児の母親でもあった李兌栄《イ・テヨン》である。李兌栄は一九五六年に韓国家庭法律相談所を設立し、韓国女性のための無料法律相談、権利擁護のための訴訟などに関わった。李兌栄は植民地期以来の戸主制度が反映され、相続において男性に有利な家族法を変えようと、家族法改正運動を展開した。戸主を中心とする家族が理想的であるとされた韓国社会では、女性は男児を産むための役割を求められ、家父長制が維持されてきた。

図4−2　家族法反対のビラを掲げる李兌栄（京郷新聞提供）

一九七三年には女性国会議員の李淑鍾《イ・スクチョン》を会長とする汎女性家族法改正促進会が結成された。汎女性家族法改正促進会は広報活動に力を注ぎ、朴正煕の軍事独裁政権下でありながらも家族法改正への国民の理解を深め、さまざまな女性団体とも協力しながら家族法の改正を訴えた。運動は部分的に成功し一九七七年に家族法が改正され、相続における男女均等、未成年に対する父母の共同親権などが認められた。

汎女性家族法改正促進会の解散後、その活動は一九八四年に結成された家族法改正のための女性連合会（会長・李兌栄）に引き継がれた。団体結成の同年に韓国政府は国連の女性差別撤廃条約に批准している。

民主化を迎えた二年後の一九八九年に家族法は大幅改正され、親族範囲の縮小と平等、離婚手続きの簡素化などが実現したが、戸主制度は依然として残っていた。家族法をめぐる女性たちのたたかいはその後も続き、二〇〇五年の改正で戸主制度・戸籍制度の廃止と家族関係登録制度の開始、朝鮮半島の長きにわたる慣習であった姓が同じで祖先の発祥の地である本貫が同じ者（同姓同本）の結婚禁止が撤廃された。

次に女性労働の問題を取り上げよう。朝鮮戦争からの復興、ベトナム戦争参戦による経済発展、日韓国交正常化による経済協力などは、韓国社会の経済発展をもたらした。一九六〇〜七〇年代には繊維業、食品加工業などの軽工業が経済発展の中心を担っていたが、低賃金の女性労働者がその基盤を支えていた。男女間の賃金格差、男性がメインで女性にはサポート的な仕事しか与えられない労働格差など、労働における矛盾への憤りは女性労働運動へと発展した。一九七二年にはこのような状況を受け、韓国初の労働組合女性執行部が誕生した。一九八〇年代に入ると重化学工業が発展し、工場労働における女性の雇用は減少した。女性たちは金融・サービス・事務職・小売業などに従事するが、男女間の賃金格差、雇用格差は解消されないままだった。

韓国社会では労働運動がたびたび展開したが、男性中心的におこなわれ、女性の労働運動は周縁化された。一九八七年民主化宣言後、労働運動は急速に発展した。その影響を受けて一九九一年には全国女性労働社会協議会が結成され、一九九九年にはソウル女性労働組合・全国女性労働組合連合会・全国女性労働組合が組織された。

一九九七年にはアジア通貨危機の余波を受けた韓国企業が相次いで倒産し、国家が経済破綻しかねない状況に置かれるいわゆる「IMF危機」に直面した。IMF危機を克服するため韓国はリストラ・非正規労働者の増加という事態を招くこととなり、韓国社会の経済格差が広がる要因となった。とくに女性の非正規雇用が増加した。このような状況は現在においても改善されず、女性労働運動は非正規雇用者への差別解消、女性労働者の賃金引き上げ、女性労働者のための法整備などを求めて今もなお戦っている。

最後に取り上げるのは、妓生《キーセン》観光反対運動である。妓生とは高麗や朝鮮王朝時代に高官や明・清などの使節を接待するための宴会などで、踊りを披露し性的な奉仕もしていた女性を意味する。映画やドラマなどに登場する妓生の黄真伊《ファン・ジニ》をご存じの方も多いだろう。一八九四年の甲午改革により官妓としての妓生は解雇され、一九〇八年以降は妓生取締令により妓生組合を中心に活動することとなる。韓国併合後、妓生は日本の公娼制度に組み込まれていった。解放後には売春禁止などが定められたため妓生業は解体されたが、アメリカ軍基地の近隣には売春街が形成された。

一九六〇年代に入ると韓国政府は観光による外貨獲得を政策として掲げるが、その一環として女性を性的に消費するプランを立案した。これがいわゆる「妓生観光」である。妓生観光の主なターゲットとなったのが、日本人男性だった。妓生観光は一九七〇年代から盛んとなったが、植民地支配から三〇年ほどしかたっていない状況で、団体ツアーを組んで韓国を訪れ、妓生ハウスと呼ばれた売春宿を訪れる日本人男性の姿は、どのように映っていたのだろうか。

妓生観光に対して、すぐに日韓両国の女性たちの間で反対運動が展開した。キリスト教団体である韓国教会女性連合会は、妓生観光への問題提起・反対運動を早くから始め、日韓キリスト教協議会でもその問題が扱われた。韓国女性の性が観光の目玉となっていること、それを享受するのが旧宗主国の日本人男性であることは、日韓の女性たちにとって放置できない問題となった。妓生観光反対運動には、学生やジャーナリスト（松井やよりなど）も加わり、羽田空港や金浦空港では妓生観光反対のビラを配った。

妓生観光は一九七〇〜八〇年代に活発におこなわれ、一九七〇年代に韓国を訪れた日本人観光客のうち八五パーセントが男性だったといわれている（カン・ジュンマン『売春、韓国をはがす』）。反対運動の影響、韓国の民主化や政権交代によって妓生観光は徐々に下火となっていった。二〇〇四年には性売買特別法が制定され、売買春は取り締まりの対象となったことから、妓生ハウスも閉鎖が続いた。

家族法、女性労働、妓生観光反対の各運動は一定の成果を挙げたといえるが、今もなお家父長制は残り、男女平等は実現せず、女性の性的搾取は続いている。

女性たちのための公的支援組織——女性家族部の誕生

民主化の実現は女性の地位と権利を擁護することにもつながり、一九八七年一二月には韓国ではじめての「男女雇用平等法」制定を実現した。この法は憲法の平等理念に従って、雇用において男女の平等な機会及び待遇を保証する一方、母性を保護し職業能力を開発し勤労女性の地位向上と福祉増進に寄与することを目的とした。勤労女性の地位向上には、社会経済の発展への寄与とともに、次世代の出産と養育（母性の保護）という内容が含まれていた。民主化、男女平等がうたわれていても、女性には母親としての役割が求められ続けた。

二〇〇一年には女性部（部は日本でいう省に相当）が発足した。先述のように韓国では一九七九年に国連で採択された女性差別撤廃条約を一九八四年に批准し、これを受けて女性差別撤廃のための

図4－3　初代女性家族部長官でのちに国務総理となる韓明淑

政策を立てていく。一九八八年には政務長官（第二室）に女性政策担当の行政機構を組織し、一九九五年には女性政策小委員会を経て、一九九八年に女性特別委員会を政府内に設立した。この特別委員会を発展させたものが、女性部である。

女性部は女性の保護、地位向上、暴力や性暴力の防止と保護、女性に関する政策の立案などを担当する中央行政機関である。男女平等、女性の権利向上の声を受けて、金大中政権下に設立された。初代女性部長官となったのは韓明淑《ハン・ミョンスク》である。韓明淑は平壌出身で、梨花女子大学大学院女性学科修士課程を修了した。民主化運動の担い手を養成するなか、自身も逮捕投獄された。一九八九年から一九九四年までは韓国女性民友会の会長を務め、韓国女性団体連合常任代表などを歴任したのち、二〇〇〇年国会議員に初当選した。なお、お茶の水女子大学の博士課程に留学した経験もある。韓明淑は二〇〇六年には女性としてはじめて国務総理に就任した。

女性部は二〇〇五年に女性家族部に名称が改められた。①女性政策の企画・統合及び女性の権益増進、②青少年の活動・福祉支援及び保護、③家族及び多文化家族政策の樹立・造成・支援、④女性・児童・青少年に対する暴力被害予防及び保護、以上の四つの軸を設立目標及び主要業務としている。

現行の「男女雇用平等法」(正式名称は「男女雇用平等と仕事・家庭両立支援に関する法律」二〇〇七年改正)は、大韓民国憲法の平等理念に従って、雇用において男女の平等な機会と待遇を保障し、母性の保護と女性雇用を促進し、男女雇用平等を実現するとともに、勤労者の仕事と家庭の両立を支援することにより、すべての国民の生活の質の向上に貢献することを目的とすることを第一条で定めている。しかし、韓国社会における家父長制的・儒教思想的な風潮は、法律の制定、女性部(女性家族部)が設立されても解消されてはいない。

とくに女性家族部は政府の機関でありながら、韓国社会の保守勢力からは「不要」なものとされ、現大統領の尹錫悦《ユン・ソンヨル》は大統領選の公約に「女性家族部の廃止」を含めた。彼の当選により女性家族部は廃止の危機に直面しているが、女性たちは大統領選において尹錫悦に投票しないという意思を表明した。尹大統領はいまだ公約を果たせずにいるが、それは女性からの得票が少なく支持を得られていないことを認識していることの表れかもしれない。このような状況を打破するためにも、女性たちはさらなる戦いを求められている。

新たな戦いのスタイル――キャンドルデモ

民主化を迎えた韓国だが、韓国の民衆は民主化が危機に陥るとデモを起こしている。しかし、デモのスタイルは大きく変化した。キャンドルデモというスタイルである。

キャンドルデモはもともと一九八〇年代の民主化運動の最中に、運動を支援していた明洞《ミョンドン》聖堂の聖職者たちがろうそくに火をともし、平和的なデモをおこなったことに始まる。民主化後、小規模なデモは時々起きていたが、以前のように民衆が火炎瓶や石を投げたり、警察や軍隊が催涙弾を使うというものではなく、非暴力だった。

キャンドルデモが韓国社会で大きく注目されるようになったのは、二〇〇二年米軍の車両に女子中学生二名がひき殺された事件がきっかけだった。民衆は真相究明を求めキャンドルをともしデモをおこなった。その後、盧武鉉《ノ・ムヒョン》大統領の弾劾案が決議されたときも、キャンドルデモがおこなわれた。デモのスタイルが変わったとはいえ、政治や国際問題に関するアンチテーゼとしてデモを実施するという点においては、植民地期から変わっていないといえる。

キャンドルデモが市民化したきっかけは、二〇〇八年のアメリカ産牛肉輸入反対のデモだろう。韓国では狂牛病の問題が大きく取り上げられた二〇〇三年からアメリカ産の牛肉の輸入をストップしていたが、李明博《イ・ミョンバク》政権下の二〇〇八年に輸入再開が宣言された。韓国では挨拶をする際、「ご飯召し上がりましたか?」と尋ねるほど、日頃から「食」を意識することが多い社会である。そのため、食の安全には非常に気を遣っている社会ともいえよう。そのようなか、安全性が問題視されるアメリカ産牛肉の輸入が再開され、学校給食に使用される可能性もあることが知れわたった。

これを知った民衆はアメリカ産牛肉輸入反対のキャンドルデモをおこなった。子どもの食の安全のために母親たちが立ち上がり、給食を食べる当事者である生徒たちもデモに加わった。政治を変える、社会を変えるというデモではなく、食と健康の安全のためのデモだった。そのため、運動の中心には女性が目立った。このデモをきっかけに、韓国社会は環境問題、有機食材への関心が高まり、現在ソウル市では給食の食材はすべて韓国産の有機食材を使用している。食の安全のために女性たちが立ち上がり、戦った結果ともいえるだろう。

なお、キャンドルデモは当初はろうそくに火をともしていたが、現在はＬＥＤの電灯キャンドルを使用し、環境問題に配慮している。そしてキャンドルデモが最高潮に達したのが、後述する「女性大統領」の朴槿恵退陣要求のデモだったのである。

COLUMN　フィクションから見る歴史②

民主化運動を描く『1987、ある闘いの真実』（二〇一七年）

延世大学に通う平凡な女子大生のヨニは、漫画サークルのイケメン先輩に恋をする。ヨニは母子家庭で育ち、独身で刑務所の看守を務めている叔父が同居している。ヨニが大学生活を送るなか、ソウル大生の拷問死事件が起き、民主化運動が高まっていく。

映画『1987、ある闘いの真実』DVD ジャケット

民主化やデモとは無関係だと思って過ごすヨニだったが、民主化運動に関わる叔父に協力したり、叔父が逮捕されたり、徐々に事件に巻き込まれていく。先輩との交流を続けるなか、デモ中の先輩に催涙弾が当たり大けがをしたことを知り、デモに加わっていく。

ヨニ役は『お嬢さん』、『ミスターサンシャイン』でインパクトを与えたキム・テリが演じた。ヨニが恋する先輩役はカン・ドンウォン。彼だけ最後まで役名が明らかにならないが、最後に彼が李韓烈（一一四頁参照）であることがわかる。ヨニと叔父の存在はフィクションだが、周りで起きる事件はほぼ史実であり、韓国の民主化がいかに成し遂げられたかを知ることができる映画だ。

慰安婦と向き合う『アイ・キャン・スピーク』（二〇一七年）

映画『アイ・キャン・スピーク』DVDジャケット

一人暮らしの老婆が、たびたび区役所を訪れてさまざまなクレームをつけてくる。老婆に対応するのは弟と二人暮らしの区役所職員だった。彼はあるきっかけで、その老婆が元慰安婦だったことを知ることになる。

区役所職員を何かと気に掛ける老婆は、彼の弟に食事を作るなど面倒を見てあげている。何かお礼をしたいという区役所職員に、老婆は英語を教えてほしいという。自分が慰安婦だったこと、そこで経験したことを自分のことばで国際社会に訴えたいからだ。

青年と元慰安婦の交流、慰安婦同士のさまざまな関係性、国際社会の対応など、日本軍「慰安婦」問題に正面から向き合った映画といえる。

元慰安婦役を演じたのは、第二章で取り上げた羅蕙錫の甥の孫にあたる、羅《ナ》ムニ。韓国ドラマでは陽気なおばあさん役を演じることが多い彼女が、渾身の演技で元慰安婦を演じている。

第五章　「アジア」を移動する女性たち

本章では「アジア」を移動する女性たちを取り上げる。女性たちの「アジア」から朝鮮半島への移動、朝鮮半島から「アジア」への移動は、労働と婚姻などジェンダーならではのイシューと関わりが強い。本章では少し時代を遡《さかのぼ》りながら、女性たちの移動のダイナミズムを見ていきたい。

1　日本へ渡る女性たち

韓国併合と日本への渡航

一九一〇年、韓国併合により朝鮮は日本の植民地となった。朝鮮人はこれにより日本人となったが、日本への渡航は制限がかけられ戸籍も朝鮮戸籍が用いられ、日本人とははっきりと区別されていた。一方、日本人の朝鮮への渡航は自由であり、一九世紀末の朝鮮の開国から在朝日本人社会が形成され、韓国併合後は日本人の人口も増加した。

韓国併合直後、朝鮮から日本への渡航者は、留学や一部の出稼ぎ労働者などが多くを占めていた。しかし、一九一二年の土地調査令に基づく土地調査事業、一九二〇年代以降の産米増殖計画などにより、生活苦に陥った朝鮮農民の一部は、日本に生活の拠点を移すようになっていった。ちょうどこの時期は日本の産業発展とも重なり、人手不足を朝鮮人労働者で補う動きもあった。搾取される労働者階級として、さらには被支配民族として、多重の差別を受ける朝鮮人は、一九二〇年代に高まる社会主義運動ともリンクし積極的に日本の労働運動に参加していった。一九一九年の三・一独立運動以降、「不逞鮮人」として警戒されていた朝鮮人が社会主義運動、労働運動とつながることは、日本政府にとって警戒すべきことであり、労働力不足を補いつつも渡航にはある程度の制限をかける状況を維持し続けていた。

その後、日中戦争の勃発、アジア太平洋戦争の開戦により、日本の戦時体制は色濃くなっていった。戦争が長期化することによって労働力が不足し、植民地からの動員が不可欠になった。朝鮮では段階的に労働力が動員されていく。日本は一九三八年に国家総動員法を制定し、「帝国臣民ヲ徴用シテ」不足する労働力を補うこととした。それに伴い一九三九年頃より炭鉱・鉱山・工場などの日本企業の代理人（民間）が、朝鮮で労働力を募集した。一九四二年には総督府が官斡旋《あっせん》として大規模な労働力動員計画を立て、一九四四年には国民徴用令が朝鮮にも施行され動員の強制性が増し、

図5－1　大阪コリアタウンとなった現在の猪飼野（コリアNGOセンター提供）

地域に人員供出のノルマが課される場合もあった。国民徴用令に基づき動員された朝鮮人労働者が、いわゆる「徴用工」である。

これらの動員はほとんどが男性であったが、女性が労働力として徴用の対象となる場合もあった。女性の場合、紡績工場の女工・女中・子守などに従事していた。

募集・官斡旋・徴用は基本的に単身で動員されたが、生活苦などの問題により家族単位で日本へ渡航するケースも増えていった。たとえば韓国慶尚南道の陜川《ハプチョン》から広島に農業従事者として多くの朝鮮人が家族単位で渡航し、原爆投下によって被爆した。このほかにも炭鉱や工事現場近くに朝鮮人が家族単位で渡航し、集住地が形成された。大阪の猪飼野《いかいの》（現在の大阪市生野区桃谷）、京都のウトロ、川崎の桜本などがその例である。

朝鮮人集住地では男性と一部の女性が肉体労働に従事していたが、多くの女性は家事労働をおこない、大阪・猪飼野などでは朝鮮市場を形成し朝鮮食材などを販売した。日本での慣れない生活の中、韓服を着用し文化を守りつつ生活していたのである。猪飼野の朝鮮市場は戦後商店街へと発展し、在日女性たちは引き続きキムチやナムルなどの朝鮮総菜、冠婚葬祭に重要な民族衣装の販売や製作に従事した。韓流ブーム、K－POP人気の影響を受け、かつての猪飼野、戦後の御幸森《みゆきもり》商店街は大阪コリアタウンへと発展した。

祖国解放と日本への定住

第三章で述べたように、一九四五年八月一五日に解放を迎えた朝鮮は、一九四八年に南北それぞれ別の国家が成立し朝鮮戦争後は分断が固定化されることとなった。南北分断、左右のイデオロギー対立は日本に在住する朝鮮人にも影響を与え、在日朝鮮人間にも分断と対立を招くこととなった。労働力動員、移住などにより一九四五年八月一五日頃に日本に滞在していた朝鮮人は、約二〇〇万人といわれているが、解放を機に大挙して帰国の途についた。一方で財産の持ち出し制限、日本人との結婚（内鮮結婚）などによる家族の問題や、朝鮮半島の政情不安から日本に残留する朝鮮人もいた。三〇年以上にわたる植民地支配の影響により、生活の拠点が日本にある朝鮮人が多数いたためだ。帰りたくても帰れない事情があった（理由については表5－1を参照）。

当面、日本で生活するうえで、在日朝鮮人の権利を守るための団体が結成された。もともと戦前に日本政府の御用団体の協和会という組織があり、朝鮮人の管理や同化教育を実施した。朝鮮人女性に対しては和服着用の推奨、日本料理の講習会などもおこなった。戦後、協和会は解体し、現在の在日本朝鮮人総聯合会（通称「総聯」）の前身となる在日本朝鮮人連盟が、一九四五年一〇月一五日に結成された。一九四六年一〇月三日には、在日本大韓民国民団（通称「民団」）の前身である在日本朝鮮居留民団が結成された。現在もなお二つの在日韓国・朝鮮人団体が存在し、韓国系の民団と北朝鮮系の総聯に分断されている。

民団・総聯はいずれも男性中心の団体であり、女性団体として民団系は在日本大韓民国婦人会（以下、婦人会）、総聯系は在日本朝鮮民主女性同盟（以下、女盟）がある。在日韓国・朝鮮人団体は南北分断の影響を受けるとともに、在日朝鮮人社会のジェンダー規範・ジェンダーロールに基づき、男女別で所属する団体が分かれている。女性団体はいずれも民団・総聯の傘下団体・関連団体という位置づけである。

表５－１　朝鮮に帰国できなかった理由
出典：在日本大韓民国青年会「我々の歴史を取り戻す運動」

理由	割合（%）
帰国後の生活のめどが立たなかったから	62.7
本国の政情が不安定だと聞いて	17.1
朝鮮戦争が起きたため	7.6
食糧事情が良くないと聞いて	4.4
流行病が発生したと聞いて	3.0
南北が分断されたため	2.1
その他	3.1

それではまず、民団側の女性団体である婦人会について見てみよう。婦人会は全国組織に先駆けて一九四七年に東京本部が結成され、初代会長には呉基文《オ・ギムン》が就任した。東京を皮切りに全国に婦人会が結成され、一九五一年に全国組織として正式に発足した。婦人会の入会資格は日本に在留する満一八歳以上の韓国人女性及び韓国人と結婚した外国人女性とされている。婦人会の綱領は次のとおりである。

①私達は祖国の為偉大なる妻と賢明なる母になりましょう。
②私達は大韓民国女性の啓蒙と文化を向上させましょう。
③私達は世界平和と国際親善をはかりましょう。

（民団婦人会中央本部ＨＰ、現在は閲覧不可）

婦人会はこのような綱領に基づき、一九五〇年代には朝鮮戦争負傷兵の慰問をおこない、一九六〇年代には韓国を訪問し女性軍訓練所に入所、一九七〇年代にはセマウル運動を支援することで、戦争や軍事独裁政権下における「婦人」の役割を果たした。一九八〇年代以降は教科書問題や参政権運動など、韓国社会の変化に呼応し男性とともにデモや各種運動に参与し、阪神淡路大震災では炊き出しをおこなうなどボランティア活動にも従事した。

女盟は一九四七年に「朝鮮民族の解放は無産階級と女性の解放なくして民主主義国家の建設はできない」（女性同盟ＨＰ）、という趣旨で結成された。女盟の会員の多くは子どもが朝鮮学校に通っており、学校と地域両方の在日朝鮮人コミュニティに属し活動している。朝鮮学校の保護者会の多くは父親が中心のアボジ会と母親が中心のオモニ会と、ジェンダーの違いによって分けられており、朝鮮学校支援のバザーなどではオモニ会と女盟の会員がキムチや焼き肉のたれなどを作る役割を担っている。育児と教育が母親たちに委ねられているという普遍的な現象が、在日朝鮮人社会では日本人社会よりも多く見られている。

婦人会・女盟とも定期的に全国大会、地方大会を開催し、意識の向上、会員の団結と交流や意見交換をおこなっている。

2　中国へ渡る女性たち

朝鮮族自治州の形成

中国東北地域は朝鮮半島最高峰の白頭山《ペクトゥサン》から東西に分かれて流れる鴨緑江《おうりょくこう》・豆満江《とうまんこう》の対岸にあるため、近代国民国家形成以前から朝鮮人・中国人が行き来し、農業や労働に従事していた。中国東北地域への朝鮮人の移住は一九世紀半ばから始まったといわれており、一八六〇・七〇年代には朝鮮北部の凶作により多くの朝鮮人が間島《カンド》と呼ばれる地域に住むようになった。間島とはその名のとおり、間の島という意味でもともとは豆満江の中洲を指していたが、多くの朝鮮人が中国東北地域へ移住するなか、中国東北地域の広範囲を間島と呼ぶようになった。

初期の移民は朝鮮との国境付近の街である、通化・集安・長白・龍井などの地域に定着するが、朝鮮人の人口が増えていくと徐々に延辺やその他の地域に拡散し、中国東北地域の各地に朝鮮人社会が形成されていった。これら地域が現在の中華人民共和国における朝鮮族自治州の起源ともいえる。中国東北地域への移住が増えるなか、自国民保護と鴨緑江対岸地域の管理のため、一八七五年に朝鮮王朝は、清国との境界地域に西辺界管理使を置いた。一方、清国は一八八五年に中国東北地域の広大な土地を朝鮮人の開墾地に設定するが、その開墾地を朝鮮人は所有できなかった。土地所有ができない朝鮮人は、中国人(漢族)や満洲人(女真族)の地主の小作人として、小作料を支払い開墾する生活を送り、清国は朝鮮人を管理する役所として越墾局を設置した。つまり、中国東北地域に居住する朝鮮人は、朝鮮王朝と清国の双方から管理される状況に置かれ、朝鮮と清国との国際関係の変化に巻き込まれていくこととなる。

第一章で述べたように、朝鮮王朝は一八七五年の江華島事件をきっかけに開国し、日本や欧米各国と修好条約を締結した。この状況下で宗主国である清国との関係も変化していった。とくに間島地域の朝鮮人はこれまでの朝貢国の民という立場から、外国人となったのである。それに伴い、朝鮮王朝と清国との間で国境の確定が必要になっていった。その争点となったのが、清国・朝鮮がそれぞれ領有権を主張した間島地域だった。ところが両国の国境が確定しないまま、朝鮮は第二次日韓協約によって日本の保護国となり外交権を失ったため、間島をめぐる問題は統監府つまり日本が扱うこととなった。

一九〇七年に統監府は臨時間島派出所を設置し、間島在住の朝鮮人を管理するため軍人を駐屯させたが、清国は当然これに反発した。日本にとって中国東北地域は大陸進出の足掛かりになるため、朝鮮人の処遇は重要な問題だった。日中双方は一九〇九年に朝鮮人の処遇をめぐって、間島に関する日清協約(間島協約)を締結した。ここでは、豆満江を大韓帝国と清国との国境にすること、間島の朝鮮人は清国の法律に従い、訴訟事件では日本側の領事館員の立ち会いや不服があった場合に申し立てができる権利として覆審請求権が認められること、中国東北地域の吉林と長春を結ぶ吉長鉄道の延長そして韓国鉄道との接続を認めることなどが定められた。

日本の影響力が次第に強まっていくなかで、朝鮮は植民地への道を進みつつあった。日本への抵抗から、中国東北地域やロシア沿海州に移住する朝鮮人も増えていった。間島協約が結ばれた一九〇九年には、ハルビン駅で朝鮮人青年の安重根《アン・ジュングン》が初代統監の伊藤博文を暗殺する事件も起きた。とくに一九一〇年の韓国併合後は、間島地域・ロシア沿海州に亡命する朝鮮人が多数に及んだ。また、これまで間島在住の朝鮮人は大韓帝国の国民であったが、併合により日本国籍となったことから、朝鮮人の処遇はさらに重要な問題になった。一九一一年に起きた辛亥革命の影響で翌年に清国が滅亡し、中華民国が樹立した。間島在住の朝鮮人は中華民国国籍を取得しようとする勢力と、それに反対する勢力が対立し、それぞれ組織を結成するが袁世凱によって解散させられた。

図5－2　間島と周辺の地図

間島地域の朝鮮人たちは朝鮮内での独立運動にも敏感に反応した。一九一九年の三・一独立運動の影響を受けて、三月一三日には朝鮮人が多く居住する龍井でデモが展開した。また、間島地域からは離れるが、上海には大韓帝国の亡命政権的な位置づけである大韓民国臨時政府が一九一九年四月に成立し、初代大統領には李承晩が就任した。さらに洪範図《ホン・ボムド》、崔振東《チェ・ジンドン》、金佐鎮《キム・ジャジン》らによる義兵闘争も、間島地域で展開した。

このような状況を踏まえ、一九二五年に中国と日本の間で、朝鮮人の取り締まりについて「不逞鮮人の取締方に関する朝鮮総督府奉天省間の協定」(三矢協定)が結ばれた。この協定で中国側は、在留朝鮮人の取り締まりを強化し「不逞」朝鮮人団体の解散、武装解除を実行するとともに、朝鮮に進入しようとする朝鮮人及び総督府の指名する「不逞団」首領を総督府に引き渡すことを約束した。一方、総督府側は、「擅《ほしいまま》に」国境を越えて朝鮮人取り締まりをおこなわないことを承認した。

満洲国から中華人民共和国へ

一九三一年には満洲事変により、日本と中国の武力衝突が起きた。一九三二年に日本は傀儡国家である満洲国を建国し、初代皇帝に元清国皇帝の溥儀《ふぎ》を即位させた。日本は国際連盟に満洲国が正式な国家であることを訴えたが、国際連盟によって派遣されたリットン調査団は満洲国を自主独立した国家として認めなかった。日本はそれを不満とし国際連盟を脱退した。満洲国は日本・朝鮮・満洲・漢・蒙古の各民族が協調して暮らす「五族協和」を掲げたが、実際は日本人が他民族の上に立って導いていくことを目的とする社会だった。満洲国建国後、義兵や独立運動の展開が難しくなり、中国内陸地方へ移動する朝鮮人も増加した。一方で、満洲国の開発を理由に、朝鮮総督府は朝鮮人の移住を奨励した。朝鮮半島南部から、農村の困窮、生活苦などの理由で移住する者もあらわれた。日本の満蒙開拓団と同様に、朝鮮でも家族単位の移住が中心だったため、夫や父に従って妻や娘たちも朝鮮を離れ中国東北地域へ渡ることとなった。

満洲国に移住した朝鮮人は工事現場での労働や農業に従事した。とくに中国との戦争が拡大するなか、日本軍は軍資金が不足しそれをアヘンの密売で補おうとしたことから、その労働力として朝鮮人が動員された。アヘンは土地さえあれば簡単に栽培できる「麻薬」であり、中国東北地域の広大な土地は魅力的なアヘンの栽培場となった。芥子《ケシ》の花の実から作られるアヘンは、秋に植えたものは約半年、春に植えたものは三か月ほどで収穫できる。また、中国東北地域、北海道、サハリンなどの寒冷地での栽培が可能であり、栽培や収穫がほかの農作物と比べて容易であることから女性がアヘン生産に従事する場合が多かった。満洲国では朝鮮人女性がアヘン生産に従事し、男性がアヘンの密売をするというジェンダーの違いによる役割分担があった。

満洲国には最大で二〇〇万人の朝鮮人が居住していた。これは日本人とほぼ同数であり、数としては少なくなかった。一九四五年八月一五日、日本の全面降伏により満洲国は消滅し、中国東北地域は混乱を極めた。中国は一九四〇年代に入って国民党系の蔣介石と、中国共産党の毛沢東が対立し内戦状態にあったが、日本との全面戦争に対抗するため内戦を一時中止していた(国共合作)。しかし、日本との戦争が終了したのちは内戦が再開し、その頃の朝鮮半島は北緯三八度線を境に米ソ両国が分割占領する状況になった。中国大陸の内戦、朝鮮半島の分割占領は、中国大陸の朝鮮人の帰国を困難にさせたのである。日本にいた朝鮮人と同じように、世界情勢の影響で中国東北地域の朝鮮人もそこにとどまらざるをえない状況にあった。

中国大陸の国共内戦は中国共産党の勝利に終わった。南北朝鮮の政府樹立、中華人民共和国の建国により、東アジアは冷戦体制の構造を映し出すことになった。強大国化する中国・ソ連、世界進出をめざすアメリカの代理戦争的な意味を帯びた朝鮮戦争には、中国東北地域に在住する朝鮮人も多く参戦した。正規軍としての参戦ではなく、第四章で述べたようにあくまでも「義勇軍」としての参戦である。

国共内戦時の中国共産党への協力、朝鮮戦争義勇軍への参戦は、中国において朝鮮人が少数民族としての地位と自治州を得ることにつながった。朝鮮戦争中の一九五二年には延吉県を中心とする地域が延辺朝鮮族自治区となり、一九五五年には朝鮮族自治州に昇格した。現在、朝鮮族自治州は延吉市・図們市・龍井市・琿春市・和龍市・敦化市・汪清県・安図県で構成されている。少数民族保護のため、朝鮮族自治州では朝鮮語が公用語として認められており、朝鮮語による教育もおこなわれている。

中国の朝鮮族は当初、北朝鮮やソ連在住の朝鮮人との交易などに携わっていたが、一九九二年の中韓国交樹立後、韓国からの投資が進むことによって韓国への移住が進んでいく。さまざまなビジネスが朝鮮族自治州で展開するなか、朝鮮語・中国語の両方を話せる朝鮮族は重要な人材であった。

サービス業では朝鮮族女性が多く雇用され、女性の所得も増えていった。また、韓国企業の朝鮮族自治州への投資により、韓国人ビジネスマンの単身赴任が増え、「現地妻」として朝鮮族の女性が囲われるケースも多く見られた。

近年ではビジネスウーマンとして活躍する女性が増えている。中国語・朝鮮語が堪能で、なかには英語も駆使する女性が多く、中韓の貿易、通訳などで活躍している。とくに、中国でも韓国コスメへの関心が高く、中国内のKビューティー市場は朝鮮族女性の存在なしでは成り立たないだろう。

3 「アジア」から朝鮮半島をめざす女性たち

韓国の朝鮮族タウンと女性

一九九二年の中韓国交樹立当初はビザの取得が厳しく、中国朝鮮族の韓国渡航・移住は、それほど多くはなかった。しかし二〇〇〇年以降はビザ取得が緩和され、韓国法務部の調査によると二〇二三年末時点の韓国の外国人在留者数は約二五〇万人である。そのうち朝鮮半島にルーツを持ついわゆる外国籍同胞は約八五万人で、なかでも中国朝鮮族は六五万人と圧倒的多数を占めている。ソウル市内には約一四万の朝鮮族が居住しており、男女の比率はほぼ半々である。ソウル市南西部の大林《テリム》は朝鮮族タウン化しており、ソウル近郊の城南《ソンナム》市、水原《スウォン》市などにも朝鮮族タウンは拡大している。

国交樹立そしてビザ緩和によって、韓国への出稼ぎや留学が増加するとともに、農村に嫁ぐ女性、家政婦、ホステス業などに従事するため韓国へ行く朝鮮族女性もあらわれた。「嫁」不足の農村では、ことばが通じ、農村社会、農業労働への適応力があると見込まれ、結婚相手として朝鮮族の女性が好まれた。家政婦として朝鮮族女性が雇用される場合も、やはりことばの問題がないこと、食習慣が似ていること、そして人件費が安いことが背景にあるといえよう。韓国ドラマでも、朝鮮族の方言を使う家政婦やベビーシッターがよく登場している。朝鮮族の女性たち自身も中国より経済水準の高い韓国をめざした。

二〇〇〇年代以降に入ると中国と韓国の経済・文化交流が継続し、朝鮮族の韓国への渡航・移住が増加していった。結婚移民・ケアワークなどに従事する朝鮮族女性の雇用が進む一方、いわゆる３Ｋ労働に従事する朝鮮族男性の雇用も進んでいった。このようななか、徐々に韓国に定着する朝鮮族が増えていった。現在、韓国の外国人登録者のなかでは朝鮮族を示す中国系同胞が一位である。

近年、朝鮮族タウンの発展とともに、朝鮮族女性の活躍が目立っている。飲食店のアルバイトからスタートし、マンドゥ（韓国式餃子）工場、延辺朝鮮族料理として有名な羊串料理チェーンの経営を担っているのは朝鮮族の女性たちだ。二〇一九年五月一九日付『朝鮮日報』の記事によると、建国大学校を有する広津《クァンジン》区の建大《コンデ》羊串肉タウンの商店街では朝鮮族会員六〇人のうち四五人が女性だという。朝鮮族の女性たちは中国と韓国を行き来しながら、さまざまなビジネスチャンスを開拓し、近年では不動産投資もおこなっている。中国語・朝鮮語が使える語学面でのメリットも最大限生かし、ホステスや家政婦といったこれまでの朝鮮族女性のイメージとは異なる、実業家という面で韓国における朝鮮族女性のプレゼンスを示している。

近年では少し下火になったが、韓国でも中国人観光客が多く訪れ、高級ブランド品・韓国化粧品などを大量に購入するケースが目立っていた。中国人観光客は客単価が高いため、免税店、百貨店、コスメ店などでは、中国語スタッフが必須だった。このような場で能力を発揮するのは、やはり朝鮮族の女性たちだった。先述のように中韓貿易でも朝鮮族女性が活躍しているが、中国と韓国をつなぐのは朝鮮族の女性たちともいえるだろう。

韓国の日本人妻たち

第二章で韓国併合後の「内鮮融和」のため、英親王と梨本宮方子、対馬藩の宗武志と徳恵翁主の内鮮結婚について触れた。この内鮮結婚は上層だけではなく、民衆の間でも内鮮融和のための政策として総督府によって推奨され、メディアで内鮮結婚カップルが紹介されたりもした。

植民地支配の終焉はこれら内鮮結婚家族にさまざまな形での「離散」をもたらした。「離散」には夫婦がそれぞれ朝鮮・日本へと離れ離れになる場合、日本あるいは朝鮮にとどまる場合があった。前者は夫婦間の「離散」であり、後者は夫婦の離散はないがどちらか一方が実家と「離散」することになった。夫婦間の離散の例もいくつかあるが、ここでは女性に着目し実家との「離散」に注目したい。

内地での内鮮結婚夫婦は、時期によって変動があるが一九四四年の調査によると、朝鮮人男性と日本人女性の夫婦は計一万四二八組、日本人男性と朝鮮人女性の夫婦は計一〇七組だった。一方、朝鮮での内鮮結婚夫婦は、一九四二年の調査によると、朝鮮人夫と日本人妻は一六〇六組、日本人夫と朝鮮人妻は一〇〇九組だった。内地では圧倒的に朝鮮人夫と日本人妻の割合が高く、朝鮮でも日本ほどの差はないものの、朝鮮人夫と日本人妻の内鮮結婚が多かったことがわかる。なぜこのような現象が起きたのかについては、仮説ではあるが、適齢期の日本人男性が戦争に動員された影響が考えられる。

結婚後は夫に従うという当時の社会通念に合わせ、植民地支配が終わり朝鮮半島の解放を迎えると、夫や子どもたちとともに朝鮮に残留する日本人妻が見られた。解放後、朝鮮半島は南北分断、朝鮮戦争の勃発など混乱を極めた。そのようななかで日本人妻たちは、朝鮮戦争による夫の死亡や行方不明という苦難を味わった。日本の朝鮮人男性と日本人女性の夫婦の中には、実は夫には朝鮮にも妻がいたことが判明し夫が朝鮮へ戻ってしまう場合や、家族との生活のために夫が朝鮮に戻ることを断念する場合もあった。

在韓国の日本人妻として最も有名なのは、尹鶴子《ユン・ハクジャ》（日本名は田内千鶴子《たうちちづこ》）だろう。尹鶴子は高知県出身で朝鮮総督府職員となった父とともに朝鮮へ渡り、朝鮮南西部の木浦《モッポ》で音楽教師を務めていた。教師を務めながら、共生園というキリスト教の施設で奉仕活動にも従事し、伝道師である尹致浩《ユン・チホ》と結婚し、田内千鶴子を朝鮮式に改め尹鶴子と名乗った。朝鮮の解放後は、夫や子どもとともに朝鮮に残る道を選び、大韓民国建国後は韓国人として生きた。朝鮮戦争のさなかに夫が行方不明となるが、伝道師であった夫の志を継いで、共生園の運営を続け多くの孤児たちのため奉仕をおこなった。尹鶴子は死後、日本名の田内千鶴子の名義で、大韓民国文化勲章を授与されている。

尹鶴子のケースは語ることができた数少ないものといえる。多くの日本人妻は出自を隠し、日本へ帰ることも叶わずに亡くなった。そのような女性たちの支援施設が慶尚北道慶州《キョンジュ》にある慶州ナザレ園だ。解放後の韓国社会は植民地支配への目が厳しく、日本人妻は出自を隠して暮らしていた。なかには日本語を完全に忘れてしまった人もいた。慶州ナザレ園は当初、日本人妻が日本への帰国をめざして滞在するための施設として設立され、一九七二年の開所から八〇年代まで一五〇人近くの帰国を支援した。しかし、さまざまな事情によって帰国を断念した人も少なくなかったという。帰国を断念した人たちにとっては、終《つい》の棲家となった。

図5－3　共生園の子どもたちと尹鶴子、1960年代（国連世界孤児の日制定推進委員会のウェブサイト）

近年では、英語圏などの第三国で韓国人男性と出会い結婚して韓国在住となる日本人妻、K－POPや韓流の影響により韓国留学・就職を果たして現地男性と恋愛結婚する日本人女性など、日韓結婚も増えている。彼女たちもまた、韓国社会で日本人として生きていくことにさまざまな葛藤を抱えながら、新たな歴史を刻んでいる。彼女たちとともに、かつて植民地支配と家父長制の影響で、語りたくても語れなかった日本人妻たちの歴史も記憶しておきたい。

北朝鮮をめざした「妻」たち

朝鮮半島の北部でも内鮮結婚は当然あったが、北朝鮮の建国後、内鮮結婚の当事者がどのようになったのかは定かではない。おそらく韓国でのケースと同様に、出自を隠して生きていただろう。ここでは、「帰国事業」と日本人妻について詳しく述べていきたい。まず、帰国事業について説明しよう。

帰国事業とは、日本の敗戦、つまりは朝鮮独立直後の朝鮮半島への引き揚げではなく、在日朝鮮人の北朝鮮への「帰国」を指す。在日朝鮮人はそのほとんどが朝鮮半島南部の出身であったが、本章の表5－1で挙がっている理由で朝鮮半島への帰国を断念するケースが多かった。朝鮮戦争勃発後は定住志向も高まっていたが、一九五〇年代に入ると、シベリア抑留された旧日本軍の復員が始まり、復員兵の仕事先を確保するため朝鮮人が解雇されるケースも出てきた。労働者階級が多数を占める在日朝鮮人は困窮し、生活保護を受ける世帯が増加した。日本政府はこれを負担に考えるようになった。

一方、北朝鮮は朝鮮戦争で大規模な爆撃を受け、復興に多くの人手を必要としていた。いまだ国交のないこの両国が注目したのは、在日朝鮮人だった。要するに、在日朝鮮人を北朝鮮へ送ることで財政負担を軽減させたい日本、復興を進めるため在日朝鮮人を呼び寄せたい北朝鮮、その思惑が合致したのである。

とはいえ、国交がないため日本と北朝鮮、それぞれの政府が帰国事業を進めることは不可能だった。政府の代わりとしての役割を担ったのは、両国の赤十字社だった。帰国事業は一九五九年から本格的に始まるが、韓国を支持する民団は「北送事業」だとしてこれに反発した。しかし、困窮する生活や日本人による差別から逃れるため新天地をめざしたい在日朝鮮人は多かった。当時はソ連・中国といった強大国が世界にプレゼンスを示しており、共産主義・社会主義にあこがれ、独裁政権・アメリカの影響下にある故郷の韓国よりも北朝鮮に帰ることを願う在日朝鮮人も多かった。

図5－4　北朝鮮「帰国者」の歓送会（在日韓人歴史資料館提供）

北朝鮮への帰国は、初期は家族単位がほとんどだった。韓国に実家があっても夫に従った在日朝鮮人女性、朝鮮人の夫とともに北朝鮮へ渡った日本人妻がいた。一九五九年に始まった帰国事業は一九六七年にいったん中止となり、約九万人の在日朝鮮人とその家族が北朝鮮へ渡った。そのうち、日本人妻は一八〇〇人ほどいた（少数だが日本人夫もいた）。その後、一九七一年に再開し一九八四年に帰国事業は終了したが、再開後は北朝鮮での生活が苦しいことが伝わり、徐々にその数は減っていった。なお、現在北朝鮮のトップである金正恩の母、高容姫は大阪出身で、帰国事業により北朝鮮へ渡った在日朝鮮人である。

帰国事業終了後、北朝鮮は帰国者と日本在住の家族との面会のため、祖国訪問事業を展開した。北朝鮮での生活を支援するため、家族が日本から持ってくる外貨や物資は北朝鮮経済を支えることとなった。日本への「里帰り」はできないものの、家族との面会は帰国者にとってしばしの慰安となっただろう。

一方、日本人妻は夫とともに北朝鮮へ「帰国」したことにより、日本の家族と疎遠になるケースが多く見られた。日本の北朝鮮への悪感情、家族に反対されたにもかかわらず北朝鮮へ行ってしまったことへの負い目などがあったと思われる。日本人妻に対しては、人道的措置ということで一九九七年に里帰り帰国が認められたが、それ以降、里帰り帰国はおこなわれていない。

日本人妻や帰国者の妻たちは高齢化し、彼女たちの親世代や兄弟たちも亡くなっているケースが多い。彼女たちの甥・姪、それよりも下の世代になると、北朝鮮の家族とは疎遠になっている場合がほとんどだ。朝鮮半島南北の「妻」たちは、夫に従うという帰国当時から今も続く家父長的・儒教的価値観のもと、自ら選択するすべもなく朝鮮半島で暮らしている。

会おうと思えば会える、帰ろうと思えば帰れるが、それを選択できなかった韓国の日本人妻、会う／帰るということを考えられもしない北朝鮮の妻たち。状況の違いがあるとはいえ、「妻」という立場ゆえにさまざまな選択や決定から疎外されていたのである。

多文化家族――韓国で生きる外国人女性

近年、日本と同様に韓国でも外国人労働者が増加している。過去に、韓国はベトナム戦争時に医療班や工業技術者、軍隊を派遣し、一九七〇・八〇年代に中東開発のため労働者を派遣した。かつては外国人労働者の側にいた韓国だったが、朴正熙政権期の漢江《ハンガン》の奇跡と呼ばれる高度経済発展、一九八七年の民主化を経て、一九九〇年代にはキツイ・キタナイ・キケンのいわゆる3K労働が忌避されるようになり、人手不足を埋めるために外国人労働者を受け入れるようになった。これらの外国人労働者は肉体労働に従事することから、主に男性だった。外国人労働者の受け入れが緩和されていくと、製造業、サービス業、清掃業などに従事する女性労働者も増えていった。

また、先述のように朝鮮族女性をはじめとする外国人女性との国際結婚も増えている。かつて日本の農村地域において、行政が中国や韓国の女性との結婚を斡旋していた時期があったが（山形県戸沢村など）、韓国でも農村・漁村地域でカンボジア・ベトナム女性との結婚のあっせんがあった。都市部に比べ家父長制・儒教思想が強く残る農村・漁村地域では、後継者は必須であるものの韓国人女性との結婚が難しいため、外国人女性との結婚が勧められたのである。

外国人労働者は男性の場合は単身あるいは家族単位、女性の場合は単身が多い。このような定住外国人世帯、夫あるいは妻が外国人の世帯を、韓国社会では多文化家族と呼んでいる。韓国でも外国人への差別意識は強く、とくに中国・東南アジア系住民へは厳しい視線が注がれることもたびたびだ。学校でも多文化家族の子どもたちは、いじめの対象にもなっている。

韓国の統計によると二〇二〇年の結婚移民者数は一七万三七五六人で、うち男性は三万五六七九人、女性は一三万八〇七七人だった。同年の韓国国籍取得者も、男性が約四万人に対し女性は約一六万人だった。結婚移民・国籍取得者ともに男性と女性とで四倍近くの差が生じている。このように多文化家族は外国人女性を妻とする世帯がほとんどといえよう。

多文化家族の構成を見ると、二〇二一年の調査によれば同年の韓国全体の婚姻数は一九万二五〇〇組でそのうち外国人との婚姻は一三万一〇〇〇組、韓国人男性と外国人女性の婚姻は九万組、外国人男性と韓国人女性の婚姻は四万一〇〇〇組である。韓国男性と結婚した外国人女性は多い順で中国・タイ・ベトナム・日本となり、韓国人女性と結婚した外国人男性はアメリカ・中国・ベトナム・カナダとなる。婚姻数、相手の国籍は、男女間で明らかに違いがあることがわかるだろう。なお統計上では明らかにされていないが、中国・アメリカ・カナダは韓国をルーツに持つ人々が多いため、多文化家族とは言いにくい世帯も含まれるだろう。つまり、韓国人男性と外国人女性の世帯において、多文化家族の性格がより強いと考えられる。

多文化家族の女性たちは、韓国社会への適応が求められることから、母国語の使用を極力避け韓国語学習に力を注いできた。韓国国立国語院も、「女性移民者をはじめとする多文化家族に対する韓国語教育は重要である」と発信している。ことばの問題により、女性移民者が社会から疎外される可能性があり、それは子どもにも影響する。韓国内の各自治体や韓国語教育施設である世宗学堂などが、移民女性たちの韓国語教育に取り組んでいる。

移民女性への韓国語教育が求められる一方、近年では多文化家族の二言語生活に注目が集まってもいる。韓国社会がグローバル化するなかで、韓国の文化とことばだけではなく、もう一か国の文化とことばも学ぶ子どもたちは、未来の韓国を担う人材として期待されている。最近では韓国社会は多文化社会であるという自治体のアピールも進んでおり、二重言語話者、多文化家族への理解促進や各種講座などもおこなわれている。まだまだ差別意識は残っているが、少子高齢化の打開策として多文化家族が注目されているのもまた、韓国社会の一面といえるだろう。

COLUMN　日本人妻の物語『ちょっと北朝鮮まで行ってくるけん。』

図5−5　北朝鮮で再会を喜ぶ家族。前列中央が北朝鮮に嫁いだ姉・愛子氏、その後ろが林恵子氏、左から二人目が日本朝鮮にじの会代表・林真義氏（恵子氏のご子息）（提供：日本朝鮮にじの会）

『ちょっと北朝鮮まで行ってくるけん。』（二〇二一年）は、在日朝鮮人の夫とともに、北朝鮮へ渡った日本人妻である姉との再会を記録したドキュメンタリー映画。家族の反対を押し切って北朝鮮へ行ってしまった姉。そんな姉と長い間疎遠になり、日朝関係の悪化で連絡が途絶えていたが、ある日突然姉の近況を知ることになる。姉に会いたい、という思いで妹は息子とともに北朝鮮を訪ね、姉との再会を果たす。地理的にはそれほど遠くないのに、ものすごく遠い国になっている北朝鮮。「ちょっと」ということばがとても重く、故郷を思っていても口に出せない北朝鮮の日本人妻の現状がとてもつらい。時代と政治に振り回された家族の物語でもある。

第六章　「キム・ジヨン」たちの韓国

本章では、民主化を経た現代の韓国に目を向ける。一九九〇年代の韓国は急速に経済発展を遂げるものの、国家破産に瀕したＩＭＦ危機を迎え、失業者が増加する。そのようななか、女性の社会進出、大学進学が進みフェミニズム運動が高まっていく。フェミニズムの高まりによって女性の権利獲得が進むことになるが、その反面、兵役の義務を負うなどの「負荷」がかかっている男性が不公平感を抱き、その不公平感が女性への嫌悪につながり、「女嫌《じょけん》」ということばを生んでいる韓国社会の現状を追ってみたい。

1　ＩＭＦ危機と女性の社会進出・政治進出

雇用形態の変化

韓国は朴正煕政権期に高度経済成長を遂げる。一九六〇年代から一九八〇年代にかけて韓国は外債や韓国人労働者の海外派遣、ベトナム戦争派兵などの軍需産業の発達、日韓国交正常化による経済協力などにより、急速に経済が発展した。これを漢江の奇跡とも呼ぶ。この成長の背景には積極的な投資（外貨による投資も含む）、政府による金融面での優遇措置などもあった。一九八〇年代後半には重化学、機械工業が発展し、貿易大国となった。一九七一年に一〇万ウォンだった国民所得は、一九八〇年に一〇〇万ウォンを突破し一九九六年には一〇〇〇万ウォンを超えた。

経済発展を続ける韓国だったが、一九九七年七月、タイバーツの急激な下落によって、アジアに通貨危機が起こった。これによって国家が経済破綻しかねない「ＩＭＦ危機」を招いたことは、第四章でも触れているが、前記のような経済発展のための投資を外貨に頼っていたことが通貨危機の影響をもろに受けることとなった原因といえるだろう。

通貨の暴落は大財閥の倒産、銀行が取引を停止するなどの事態を引き起こした。この国家が「不渡り」を出しかねないほどの経済破綻は、大財閥だけではなく中小企業にも影響を及ぼし倒産が続いたことで、失業者が増大した。韓国政府は事態を収拾するためＩＭＦ＝国際通貨基金へ緊急融資を申し出て、企業の立て直しや人員整理、新たな雇用形態の構築などに取り組んだ。当時の大統領は金大中で前の政権からこの事態を引き継いだばかりであったが、ＩＭＦの要求に応えさまざまな改革を実施していった。その結果、経済は何とか立ち直ったが、非正規雇用の増大や雇用形態の変化は国民の反発を招くことにもなった。

このようななか、女性の労働形態が変化していった。家計を支えてきた夫の失業や給料の減額により、専業主婦やパートタイム労働に従事していた女性たちが非正規職ではあるものの企業に就職するようになった。雇用形態は非正規であるとはいえ、女性たちがさまざまな場でスキルを活かし経済活動に関わっていったのである。企業にとっても男性より賃金が安い女性を雇用することで、人件費を抑えられるという「メリット」があった。女性の社会進出が進んだとはいえ、雇用や給与の格差はそう簡単には解消されなかった。

議員クォータ制度

ＩＭＦ危機による雇用形態の変化とともに、金大中政権期には女性に関連する制度や省庁が整えられた。第四章で触れた女性家族部がその一つだが、制度としては議員クォータ制度が挙げられる。クォータ制度とは格差是正のためにマイノリティに割り当てをおこなうアファーマティブ・アクションの手法の一つで、政治分野においては議会における男女間格差を是正することを目的とし、性別を基準に女性または両性の比率を割り当てる制度をいう。韓国では二〇〇〇年から国会や地方議会の選挙に関連するクォータ制度を導入している。その内容は次のとおりである。

まず韓国のクォータ制度は、政党法・公職選挙法・政治資金に関する法により定められ、次の四点が特徴として挙げられる。

①国会から地方自治体の議会選挙まで実施していること。
②国会議員小選挙区及び地方自治体選挙の三割、比例代表の五割以上を女性候補者にすること。
③比例代表名簿の奇数番号を女性候補者にあてること。
④条件を満たした政党に限定されるが、小選挙区の女性候補者に公的選挙資金を補助すること。

②の比例代表の女性候補五割以上については公職選挙法第四七条で定められており、罰則規定はないものの法的な拘束力を持っている。一方、小選挙区において女性候補者の割合を三割以上にすることは努力義務であり、地方自治体選挙においては議会あるいは首長のいずれかにおいて一名の女性候補を推薦することを義務化している。なお二〇〇二年の公職選挙法改正によって、道・市の比例選挙において女性候補者割合を満たせなかった場合、その政党の候補者登録は無効になるという罰則が設けられた。

③の名簿については二〇〇〇年にクォータ制度が導入されたのち、はじめて実施された二〇〇四年の国会議員選挙の比例の名簿順で、ほとんどの政党が女性候補者の順位を下にしていた。そのた

め名簿上では女性候補者が五割であっても、当選者の割合は減ってしまった。それを改善するため二〇〇五年に公職選挙法を改正し比例の名簿順において、女性を奇数番号にするようにしたのである。また、④で公布される補助金のうち、一割を女性活躍のために使うことも定められている。

この制度が二〇〇〇年に導入されて以降、韓国では二〇〇四年に実施された第一七代から、二〇二四年実施の第二二代国会議員総選挙まで、女性議員の割合は増加し続けている。一九九六年の韓国総選挙で当選した女性議員は九人（割合は三パーセント）だったが、二〇〇〇年には一六人（五・九パーセント）、二〇〇四年には三九人（一三パーセント）と増加の傾向を見せ、二〇二四年の総選挙では国会議員定数三〇〇人中六〇人（二〇パーセント）が女性議員という結果になった。クォータ制度が導入された当初、女性議員の割合は比例が上回っていたが、小選挙区での当選者も徐々に増加していった。これは比例代表で当選した女性議員が、小選挙区に転じて二期目の当選を果たす場合があるためだ。二〇二〇年の第二一代国会議員選挙では、女性議員当選者のうち小選挙区が二九人、比例は二八人と小選挙区での当選が比例を上回り、二〇二四年の第二二代国会議員選挙でも小選挙区三六人、比例二四人とやはり小選挙区が上回っている。

クォータ制度による女性の政治進出はこのように成果を挙げているが、一方で課題も残っている。まず女性議員が選出される選挙区は都市部に偏《かたよ》っている。クォータ制度導入後の第一七～二二代選挙における女性議員当選者の地域分布を見ると、七〇～八〇パーセントがソウルを中心とする首都圏での当選であり、次いで大邱・釜山など韓国南東部の都市部、韓国南西部の光州周辺の都市部から当選している。韓国東部の江原道や島嶼の済州道の選挙区からは、女性国会議員が一名も当選していない。このような地域間の差を埋め、女性議員の割合を増やしていくことが今後の韓国の課題といえるだろう。ちなみに韓国ではクォータ制を「女性割り当て制」といい、よりわかりやすい用語を使用している。

このように女性の社会進出・政治進出が進む一方、育児や介護はいまだ女性が担っている場合がほとんどである。韓国では保育園、企業内保育所の整備は進んでおらず、実母や義母に子どもを預けられない女性は妊娠出産後、退職する場合もいまだ多い。キャリアを重視する女性の多くが出産をしない選択をするケースも増えており、二〇二三年一二月時点での韓国の（合計特殊）出生率は〇・七二でＯＥＣＤ加盟国中の最下位でもある。超少子化、超高齢化社会がまもなく韓国に訪れるのである。

2　朴槿恵大統領の就任

初の女性大統領？

民主化実現以降、韓国の大統領は一期五年の任期を維持し、正常的に選挙がおこなわれている。軍事独裁政権、民主化を経て一九九三年に金泳三が就任した。一九六〇年に李承晩が退陣し一九六二年に尹潽善が辞任して以来、実に三一年ぶりに文民政権が誕生した。一九九八年には先述のＩＭ

F危機に対応した民主化運動のリーダーで進歩派の象徴的人物でもある金大中が大統領に就任し、女性の社会進出や太陽政策といわれる北朝鮮との融和政策も進み、韓国大統領としてははじめて北朝鮮の首都平壌を訪問し金正日との首脳会談を実現した。二〇〇三年には金大中の南北融和路線を継承する盧武鉉《ノ・ムヒョン》政権が誕生した。盧武鉉はネット選挙戦略で勝利するなど、ネティズン（インターネット上で市民活動をおこなう人たち）の支持を得て政権を運営していた。しかし、少数与党によるねじれ議会での弾劾案可決、非正規雇用の問題、イラクへの韓国軍派兵などによって支持率低下を招いた。

大統領弾劾は民主化実現後、大統領の罷免を求めるプロセスとして制定された。国会に大統領の弾劾案が提出され、それが可決された場合、大統領弾劾について憲法裁判所が審議するというプロセスである。盧武鉉大統領については弾劾案が国会で可決されたものの、憲法裁判所は罷免に値しないという判断を下した。これにより当時の最大野党ハンナラ党への批判が強まったが、与党の「開かれたウリ党」の巻き返しは難しく、二〇〇八年、二期ぶりに保守派の李明博《イ・ミョンバク》が大統領に就任した。

この頃、ハンナラ党で李明博と大統領候補の席を争ったのが、朴正熙の長女朴槿恵《パク・クネ》である。第四章で述べたように、朴槿恵は一九七四年に母であり大統領夫人でもあった陸英修が暗殺されたのち、父親である朴正熙大統領のファーストレディ的な立場を務め、父親の外遊や国内視察に同行した。

図6−1　朴槿恵元大統領（韓国文化広報サービス提供）

母親を亡くした五年後には、ＫＣＩＡ（韓国情報部）の部長金《キム・》載圭《ジェギュ》が父・朴正熙を暗殺する事件が起きた。この知らせを聞いたときに、「三八度線は無事か」と父親の安否よりも北朝鮮の侵攻を心配していたという、やや信憑《しんぴょう》性に欠けるエピソードも伝わっている。このように父と母を暗殺者によって殺された「悲劇のお姫様」として、朴槿恵は韓国国民に知られることになった。

朴槿恵は一九九八年に政界入りを果たし、平壌を訪問して金正日との会談を実現、二〇〇五年には韓国の新しい右翼・保守運動団体であるニューライトという団体の創立集会にも参加している。なお、ニューライトは李明博政権の成立を後押しした。また、二〇〇六年には小泉純一郎首相と東京で会談し、北朝鮮による拉致被害者家族連絡会の代表（当時）であった横田滋とも面会している。

朴槿恵はこのようにして着実に自身の基盤を固め、二〇〇七年一二月の大統領選挙には立候補できなかったものの、李明博のニューライト路線を引き継ぐ形で二〇一二年一二月の大統領選挙で対立候補の文在寅に僅差で勝利し、二〇一三年二月第一八代大韓民国大統領に就任した。韓国では初の女性大統領であり、日本・中国・北朝鮮・台湾を含む東アジア地域でも初の女性首脳の誕生でもあった。

しかし、この韓国初の女性大統領の誕生は韓国で女性の地位が高まったから、ジェンダー平等が進んだからではなく、あくまでも父親である朴正熙の「亡霊」を伴うものだった。第一八代の大統領選の得票率は韓国中央選挙管理委員会の発表によると、朴槿恵が五一・五五パーセント、対立候補の文在寅が四八・〇二パーセントという僅差であり約一〇〇万票程度の差だった。世代別の割合で見ると二十〜三十代は六〇パーセント以上が、四十代は五五パーセント以上が文在寅に投票した。一方、五十代以上になると朴槿恵に投票した有権者が六〇〜七〇パーセント以上であった。男女別の投票結果についてはKBS・MBC・SBSの韓国三大放送局が実施した出口調査によると、全体では男性は文在寅に、女性は朴槿恵に投票した有権者が僅差で多く、世代別で見ると二十〜四十代は男女とも文在寅に、五十〜七十代は男女とも朴槿恵に投票した有権者の割合が高かった。このように世代間の分断が明確な結果となった。軍事独裁政権ではあったが「漢江の奇跡」による経済発展を目の当たりにした五十代以上の世代は人口も多く、その世代が朴正熙政権の再来を期待して朴槿恵に投票したといえよう。

朴槿恵は「経済復興」「国民幸福」「文化隆盛」を政権ビジョンに掲げ、父親にあやかって「第二の漢江の奇跡を起こす」と宣言した。しかし目立った経済復興は実現しなかった。

政権運営の不手際——セウォル号事故と政治スキャンダル

二〇一四年、韓国社会を揺るがす衝撃的な事故が発生した。韓国西部の仁川《インチョン》港から済州島に向かっていた旅客船セウォル号が、韓国西海（黄海）の珍島《チンド》付近の沖で沈没したのである。この旅客船には修学旅行に向かう高校生が三〇〇人ほど、一般旅客とトラックドライバー、乗務員など計四七六人が乗船していた。この事故は船が完全に沈没するまで数時間あったにもかかわらず乗務員による適切な避難指示がなかったこと、事故発生後の政府の救助活動が速やかにおこなわれず不手際が多かったことなど、韓国社会が抱える問題を浮き彫りにした。一部メディアでは事故発生後、朴槿恵大統領と連絡がつかず空白の時間が生じ、そのため適切な救助活動がおこなえかったなどと報道された。セウォル号事故をめぐる政府の不適切な対応は、朴槿恵政権の支持率低下につながった。

朴槿恵はこのような状況にもかかわらず、「独裁者の娘」という批判を打ち消そうと歴史教科書の国定化をめざし、さらに国民の支持を失っていった。とくに教科書国定化は韓国社会の分断を招いた。検定教科書は左翼的だから国定にするべきだという主張がある一方、国定教科書を使っているのは戦前の日本と現在では北朝鮮だけだという主張がされるなど、南北分断が教科書問題にまで影響する事態となった。日韓間の歴史認識問題においても、二〇一五年には被害女性へのヒアリングなどがまったくない状態で、「慰安婦問題日韓合意」を成立させ、批判された。

朴槿恵の大統領としての素質が疑問視されるなか、新たな事実が発覚した。朴槿恵が知人であり一般人の崔順実《チェ・スンシル》に大統領府の機密情報を流し、崔順実が運営する財団への資金提供を韓国大手財閥に強要したこと、崔順実の娘の梨花女子大学入試をめぐる不正の問題など、さまざまな疑惑が浮かび上がった。この一連の政治スキャンダルは崔順実ゲートとも呼ばれている。

たび重なる政治の問題に、韓国国民も黙ってはいなかった。もはや朴槿恵に国を任せられないと、大統領府付近の光化門広場に連日多くの市民が集まり、朴槿恵退陣を求めるデモをおこなった。第四章で述べたキャンドルデモ方式で、朴槿恵退陣を求め、民衆が立ち上がった。デモは韓国各地に広がり、国民の声を無視できなくなった国会は朴槿恵大統領の弾劾案の可否を問うこととなった。弾劾案は賛成多数で可決され、二〇一七年三月憲法裁判所は大統領弾劾を妥当と判断し、朴槿恵は大統領を罷免された。朴槿恵は韓国初の女性大統領であると同時に、民主化後、任期をまっとうせず退陣した初の大統領としても歴史に名を刻むこととなった。

朴槿恵の退陣について「これだから女性は」という論調も出てきた。父親の皮を被って就任した女性大統領は、志半ばでその座を降りた。韓国に「真の」女性大統領が誕生するのはいつだろうか。

3　韓国フェミニズム小説『82年生まれ、キム・ジヨン』の爆発的ヒット

日韓女性の共感

このような状況で、韓国ではある小説がベストセラーとなる。日本でも話題になったフェミニズム小説『82年生まれ、キム・ジヨン』（以下、『キム・ジヨン』）がそれである。なお本節では『キム・ジヨン』の多少の「ネタバレ」が含まれることをご承知おきいただきたい。

『キム・ジヨン』は二〇一六年に刊行された、チョ・ナムジュによる小説である。チョ・ナムジュは一九七八年生まれで小説の主人公であるジヨンよりも四歳年上となる。放送作家としての経歴があるためその経験を活かして、連続ドラマが展開するような形式で物語が綴られている。『キム・

図６−２『82年生まれ、キム・ジヨン』（韓国版）

ジヨン』は韓国では一三〇万部を突破するベストセラーとなり、日本でも翻訳され翻訳小説としては二〇二三年時点で異例の二三万部を超えるヒットとなった。『キム・ジヨン』は映画化もされているが、小説と映画では物語と結末が少し異なっている。本書の読者の皆さまにはぜひとも小説・映画の両方を見ていただきたい。

『キム・ジヨン』はこれまで女性であれば必ず体験したであろう、名もなき違和感や差別が言語化されている。たとえば、隣の席に座った男子が自分に嫌がらせをし、それを担任に相談したら「その男子は君のことが好きだからだよ」といわれる、ストーカーのような被害に遭ったジヨンに対し、父親が「お前にも責任がある」と言うなど、女性が困っていること、苦しんでいることに対する無自覚な男性のことばが浮き彫りになっている。このような女性が日常の中で日々感じてきた、そして今も感じている違和感を物語の中にうまく組み込んだ作品といえよう。

主人公の名前であるキム・ジヨンは個性的な名前ではなく、韓国で最も人口の多い姓であるキム（金）、一九八二年生まれの女性の名前第一位であるジヨンというありふれた名前だ。その「ありふれた」ジヨンの人生が韓国の女性たちの共感を生み、一方で男性の反発を生んだ。日本の名前では「佐藤裕子」がそれにあたるそうだが、日本でこの小説がヒットした背景には「キム・ジヨン」であるがゆえの適度な距離感がかえって共感を生んだのかもしれない。

『キム・ジヨン』が生まれた一九八二年は全斗煥政権期であり、ジヨンが小学校に上がる前に民主化を迎えた。ジヨンの記憶のどこかに民主化闘争中のソウルの風景も焼き付いていることだろう。韓国社会が大きく変化するなかで小学校生活を送り、現在では徐々に減りつつあるが男女別学の中学校に通い、女子高からソウル市内の大学、いわゆる「インソウル」に進学したジヨンは就職がなかなか決まらない。先述のように韓国は一九九七年にＩＭＦ危機に陥り、大手財閥系企業が破産、公務員でさえも解雇されるなど、経済的困難に直面することになった。作中でも、公務員だったジヨンの父親はＩＭＦ危機の影響により解雇されている。

超学歴主義に加え経済危機を迎えた韓国では、最難関のソウル大学校を卒業していても就職率が五〇パーセント程度の状況であった。ジヨンも卒業式直前にようやく就職が決まるのである。ジヨンが大学生から社会人になる頃はちょうど金大中・盧武鉉政権期にあたる。南北融和ムードのなか、民主化運動の象徴でもあった金大中、学閥とは無縁の経歴を持つ盧武鉉というリーダーのもと、学歴や就職の問題を抱えていた若者も、さまざまな希望を持てた時代だったのではないだろうか。ジヨンもその中の一人であったに違いない。

ジヨンは稼ぎがよく家事や育児にも協力的、法事や帰省時に妻への気遣いもできる夫と結婚し一児の母となる。一見幸せそうに見える生活ではあるが、結婚・妊娠・出産という人生のステージを経るなかで「失っていく」ものも多かった。ワンオペ育児と義実家への帰省のストレスをきっかけとしてジヨンに異変が起こるところから、物語は始まる。

教育費の高騰、超学歴社会、少子化の問題を抱える韓国は、共稼ぎ夫婦も増えている。とはいえ、ジヨンのように結婚・出産を機に専業主婦となる女性もいるのが現実だ。女性たちが感じる社会の矛盾、違和感を言語化した小説『キム・ジヨン』の結末は、フィクションでありながらも韓国社会をリアルに描き出したといえよう。映画版と比べてどちらの結末がこの物語によりふさわしいのか、その判断は読者の皆さま各自にゆだねたい。

さて、この『キム・ジヨン』は先述のように日韓そして世界で異例のヒット作となった。これまで韓国小説といえば、ドラマや映画のノベライズ、李光洙や尹東柱《ユン・ドンジュ》など植民地期に活躍した作家の作品が知られている程度であったが、『キム・ジヨン』のヒットにより書店には多様な韓国人作家の小説が並ぶようになった。とくに『キム・ジヨン』の著者であるチョ・ナムジュの作品、『少年が来る』で知られるハン・ガンなど、韓国フェミニズム小説作家の作品が多く翻訳されている。『キム・ジヨン』のヒットはK－POPや韓国ドラマに限定されない、韓国社会を知る、新たなツールとして日本でも広まっている。

4 「女嫌」犯罪と#MeToo運動

江南駅一〇番出口事件

『キム・ジヨン』が発売された二〇一六年には、女性が無差別殺人の被害者となる事件が起きた。

いわゆる江南《カンナム》駅一〇番出口事件である。

江南はソウル一の繁華街で、ビジネスとショッピングの中心地でもある。地下鉄二号線が通り、人の往来も多い江南駅の男女共用トイレで事件は起きた。一〇番出口付近にあるこのトイレを利用した二三歳の女性が、無差別殺人により亡くなったのである。犯人は当時三十代の男性で「女性たちが自分を無視するので殺した」と証言している。被害者と男性との間には面識はなかった。

この事件をめぐって韓国社会は「分裂」した。女性をターゲットにし一方的に女性に責任を負わせる女性嫌悪事件だとする声がある一方、狙われたのはたまたま女性だっただけで無差別殺人だ、男性を敵視しすぎているという声も上がった。容疑者自身が女性に対する憎悪が犯罪の原因であると証言しているにもかかわらず、このような「分裂」が生じるのである。

図6－3　地下鉄江南駅10番出口の追悼空間、貼られた付せんには犠牲者と社会への多くのメッセージが書かれている（Wikimedia Commons, © revi / CC-BY-2.0-KR, https://commons.wikimedia.org/wiki/File:Gangnam_Murder_condolence_002.jpg）

韓国では近年、キャンドルデモに加え、事件現場に自分の思いを書いて貼るポストイット運動も展開している。K－POPアイドルの「推し活」にもこの運動は流用されている。事件現場となった江南駅一〇番出口付近には、さまざまな立場からポストイットが貼られた。「私は偶然に運よく生き残った」「死の理由なんかない。それは私だったかもしれない」と女性が書いたと思われるものに加え、「次は男に生まれてくださいい」というものも貼ってあったという。このように女性を過剰に敵視し嫌悪する風潮を、韓国では女性嫌悪＝女嫌といい、今もなお女嫌犯罪が続いている。

#MeToo運動という連帯

「女嫌」ということばが広がる一方、韓国では#MeToo運動も広がっていった。#MeToo運動とは、「Me Too＝私も」という意味のとおり、セクシャルハラスメントや性犯罪に対する被害を受けた当事者であることを、ＳＮＳに書き込むハッシュタグキャンペーンのことである。アメリカの芸能界で始まった運動ではあったが、二〇一八年には世界各地に広がっていった。

韓国では、二〇一八年に検察官の女性がセクハラを告発したことにより、#MeToo運動が活発化した。芸能界においては韓国映画の巨匠と呼ばれた映画監督キム・ギドクによる、映画撮影時の性的暴行、キム・ギドク映画主演俳優による性犯罪が露見し、両者は韓国芸能界から追放された。なお、キム・ギドクはこの後韓国を出国し、滞在先のラトビアで新型コロナウイルスに罹患《りかん》し死亡した。

女性に対するセクハラ、性犯罪の告発は相次ぎ、芸能界#MeeTooはもちろん、親族男性からのセクハラを告発する「オッパ（韓国語で「兄」や「年上の男性」を意味する）#MeToo」なども起きた。とくに「オッパ#MeToo」は、加害者が父方の場合は保護者も沈黙をし、母方の場合は加害者の責任を問うなど、韓国の家父長制や儒教思想を顕在化するものでもあった。

保守派が#MeToo運動を静観するなか、進歩派の弁護士や政治家は#MeToo運動を支持し、問題解決に取り組んでいった。とくに朴元淳《パク・ウォンスン》は、弁護士時代に被害者女性の弁護を務め、ソウル市長就任後は公務員のハラスメント問題防止対策を実現するなど、セクハラ・性差別・性犯罪問題を積極的に解決しようとする姿勢を見せていた。しかし、彼は二〇二〇年七月元秘書に対するセクハラが発覚し、告発から二日後、ソウル市内の山中で遺体で発見された。

このようにセクハラは、辞任や追放、ひいては死に追い込まれる重要な案件として韓国社会で認識されることとなる。しかし、セクハラ関連のニュースは「ハニートラップだ」「セクハラを誘発しはめた」などの陰謀論がとなえられ、それゆえ「女嫌」や「女性特権」などの用語も誕生し韓国社会の分裂を生んでいる。とくにフェミニズムを揶揄した「フェミ」という用語が誕生し、パンツスタイルの女性、ショートカットの女性が「フェミ」とレッテルを貼られ暴行を受けるなど、深刻な社会問題が生じている。

5 LGBTQ+をめぐる問題

トランスジェンダーと軍隊

近年、世界各国でLGBTQ+についてさまざまな立場から議論が展開している。LGBTQ+

とはレズビアン（L）、ゲイ（G）、バイセクシャル（B）、トランスジェンダー（T）、クィアまたはクエスチョニング（Q）の頭文字をつなげたもので、Qが抜けてLGBTとする場合やインターセクシュアル（I）・アセクシャル（A）を加える場合もある。本節では便宜上、LGBTQ＋の用語を使用する。

現在、世界各地で同性婚やパートナーシップ、LGBTQ＋への理解を深め権利を求めるレインボーパレード、自治体による性の多様化に対する政策に関するニュースもよく目にするようになった。韓国社会においてももちろんLGBTQ＋の問題は存在するが、フェミニズムの進展、イシュー化とは異なり、LGBTQ＋の問題は非常にセンシティブでもある。本書は女性をテーマにしているが、トランス女性も当然女性という認識のもとで、とりわけトランス女性をめぐる韓国の現状について述べていきたい。

多くの読者がご承知のとおり、韓国には徴兵制度が存在している。二〇二三年にはアジア選手権大会のサッカーで優勝した代表選手が兵役免除される一方で、BTSのメンバー全員が兵役に就くという、徴兵制度をめぐる極端なニュースがあった。韓国男性にとって徴兵制度は避けられない問題であり、たとえアイドルと結婚できるからもう一度兵役に行ってこいと言われても絶対行きたくない、と思うほど辛い経験だったと語る人も多い。

軍隊は男性性が強く求められる集団であり、「男性として」「大韓民国の男子として」などの枕詞がさまざまな局面で使用される。もちろん女性軍人も存在するが、徴兵制度は「男性」にのみ課せられているのである。しかし、この「男性」とは生まれたときに割り当てられた性別としての男性であり、その割り当てられた性別から移行したいと考えている場合（トランスジェンダー）でも、徴兵は拒否できないのである。

トランスジェンダーと軍隊をめぐる問題については、二〇二一年に衝撃的な事件が起きた。ピョン・ヒスは二〇一六年に高校を卒業し、韓国陸軍の下士官養成学校を卒業後、二〇一七年から軍に服務していた。つまり、兵役の義務による入隊ではなく職業軍人としての入隊であった。ピョン・ヒスの身分証明書上の性別は男性であったが、自身の性別に違和感を抱き二〇一九年にタイで性適合手術を受けて男性器を切除した。ピョン・ヒスは生まれたときに与えられた性に対する違和感が解消されたことで、軍での任務により一層励むつもりで復帰した。しかし軍はピョン・ヒスがホルモン治療を必要とすることが軍務に適さないなどの理由で、二〇二〇年に退役処分を下した。

ピョン・ヒスはこの処分を不服とし、国家人権委員会に陳情し、国家人権委員会も救済決定を下したが、軍は退役処分を強行した。ピョン・ヒスは陸軍を相手に退役処分取り消しを求める訴訟を起こしたが、裁判の途中で自ら命を絶った。ピョン・ヒスは生前、韓国メディア『ハンギョレ新聞』のインタビューで次のように答えている。

「他国の軍隊はトランスジェンダー軍人が認められているのに、なぜ韓国の国軍だけは許されないのか、私が率先して戦わなければと思いました」（『ハンギョレ新聞』二〇二〇年三月一一日付）。

トランスジェンダーの女子大入学

ピョン・ヒスの「戦い」とほぼ同時期に起きていたのが、トランスジェンダー女子学生の女子大入学をめぐる問題である。ソウルに位置する淑明女子大学に合格したAさんは、入学前に性適合手術を受け裁判所に男性から女性への性別変更を申請し受理された。Aさんはトランスジェンダーとして韓国初の弁護士になったパク・ハンヒに憧れ、自分も同じように弁護士になりたいと淑明女子大学法学部の門を叩いたのである。Aさんの合格がニュースで報道されると、淑明女子大学内外からトランス学生の受け入れに賛成する声と反対する声、双方の立場からの声明発表があった。

まずAさん入学に賛成の立場を表明したのは、淑明女子大学関係では公益人権学術サークル、学生・少数者人権委員会などの学生サークルと同窓生有志であった。同窓生有志の声明文には七六三人が賛同し、「性転換者として淑明女子大に最終合格した学生を、同門の名で歓待する」と述べ、韓国社会がLGBTQ+の問題に厳しい視線を向けるなか、それを打開しようとする勇気への感謝、これまで淑明女子大の学生たちは家父長制が求める「女性性」に挑戦し新たな道を切り開いてきたことに触れ、Aさんが安心して学べるための提言をしている。学外からは韓国性暴力相談所、正義党女性部などが賛成の意を表明した。

一方、反対の立場を表明したのは、淑明女子大内部では経営学科一八学番〔学生番号の略称。韓国では学番という用語をよく用いる〕在学生、中央女性学サークルなどであった。中央女性学サークルは「トランスジェンダリズム〔生物学的性別よりジェンダーを優先する考え。引用者注〕によって逆行する社会を批判する」というタイトルで声明を発表し、「トランスジェンダリズム」がかえって男性の既得権利を擁護していると主張している。学外からは梨花女子大学をはじめ、韓国内の女子大の各団体が連名で反対声明を出している。

賛成派・反対派が意見を交わしＡさんの女子大入学を議論するなか、結局Ａさんは淑明女子大入学を断念した。Ａさんは入学反対の声を受けいれた結果になったが、淑明女子大キャンパス内にはＡさんを激励する壁新聞が貼られ、ＳＮＳでは「♯これからも私はトランスジェンダーＡさんの味方です」というハッシュタグ運動も展開した。

このようにフェミニズム運動が活発化している一方、韓国では依然としてＬＧＢＴＱ＋やジェンダーの問題は社会から疎外されているテーマになっている。二〇一七年の大統領選でも文在寅はＬＧＢＴＱ＋問題についての言及を避け、当事者からの質問も「あとで、あとで」とのことばで遮った。文在寅の次の大統領である尹錫悦《ユン・ソンヨル》は女性家族部廃止を明言しており、ＬＧＢＴＱ＋を議論するどころではないといえる。

同性婚の認定、ＬＧＢＴＱ＋や障害者への差別を禁止する法案（差別禁止法）もたびたび韓国の国会で議論されるが、いまだ成立する気配が見られない。韓国社会はフェミニズムの進展と同時に、ＬＧＢＴＱ＋をめぐっては後退し続けている。男性性・女性性という儒教思想や家父長制から自由になれない、韓国社会の現実が見えてくる。

6　北朝鮮の女性たち

ファーストレディ李雪主

南北朝鮮は関係が良好なときには、スポーツや文化において交流が図られるが、北朝鮮は戦略的に女性を交流に「利用」している。たとえば韓国で開催されるスポーツ大会に北朝鮮の代表が参加するさい、女性だけの応援団である通称「美女軍団」を派遣していた。朝鮮半島には古くから南男北女ということばがあり、朝鮮半島の南方出身の男性が美男で北方出身の女性は美女であるといわれている。この応援団はこの南男北女を外交戦略、政治戦略に利用したものといえよう。美女軍団が韓国に派遣されると、自然美人などといって韓国男性にもてはやされ二〇〇二年にはファンクラブまで結成された。二〇一八年に開催された平昌《ピョンチャン》オリンピックにも美女軍団が応援に駆け付け、その様子は連日メディアで報道された。

平昌オリンピックには来賓として、金正恩の妹である金与正《キム・ヨジョン》が開会式に出席していた。金与正は父である金正日の葬儀に出席する姿が注目され、それ以降、兄・金正恩政権の中心人物として活躍している。とくに文在寅政権期に平壌で開かれた南北首脳会談では、おもてなし隊長のように関係各所に指示を出す姿が印象的だった。

金与正は兄の金正恩と同じく、在日朝鮮人で北朝鮮に「帰国」した高容姫を母に持つ。高容姫は舞踊家でもあり、第二章で登場した崔承喜の名誉回復に努めたといわれている。金与正の経歴については、兄たちとともにスイスの寄宿学校で学び、北朝鮮に帰国してからは金日成総合大学で学んだといわれている。彼女のおばにあたる金敬姫《キム・ギョンヒ》（金正日の妹）も朝鮮労働党の幹部であったが、政治や外交の場で金与正ほど活躍する姿を見ることはほとんどなかった。しかし、北朝鮮でも世代交代が進むにつれて、金与正や外務大臣を務めた崔善姫《チェ・ソニ》など女性幹部の姿も目立ち始めている。

女性幹部の活躍とともに訪れた変化といえるのが、ファーストレディの登場ではないだろうか。初代の金日成、二代目の金正日とも女性関係が複雑であり、外交活動をおこなう際にもファーストレディ的な存在が同行するケースはほとんど見られなかった。

一方、金正恩は、文在寅と習近平との首脳会談の場には、李雪主《リ・ソルジュ》夫人を伴っていた。李雪主は北朝鮮北部の咸鏡《ハムギョン》北道の出身で金日成総合大学にて声楽を専攻し中国やドイツで学んだとされている。その後北朝鮮ポップスのグループである普天堡《ポチョンボ》電子楽団の歌手として活躍していた。学生時代には美女軍団の一員として韓国に派遣された経験を持つ。二〇〇九年に金正恩と結婚し、ファーストレディとしてそのプレゼンスを示している。金日成の最初の妻であり金正日の母でもある金正淑は「革命の母」として象徴的な存在となっているのとは異なり、李雪主は時代に合わせた首脳夫人として北朝鮮外交の一翼を担っているともいえよう。韓国ドラマ『愛の不時着』には自立した、欧米セレブのような女性たちも登場していたが、金与正や李雪主の登場がドラマの登場人物設定にも影響したとも考えられる。

隠される「本当の姿」

しかし、このように表舞台に登場する北朝鮮女性はほんの一部にすぎないだろう。多くの女性は金日成一家を中心とする、家父長制社会の中で生活している。かつて李雪主が活躍していた普天堡電子楽団では、『都会の娘がお嫁に来るよ（도시처녀 시집와요）』『女性は花だね（녀성은 꽃이라네）』という歌が一九九〇年代にヒットした。前者は都会出身の若い女性と農村の中年男性の恋愛映画の主題歌で、北朝鮮でも農村の嫁不足問題があったことがわかる。北朝鮮では映画は国策として制作されていることから、国を挙げて農村へのお嫁入りキャンペーンをおこなっていたともいえよう。後者の『女性は花だね』では、女性は生活、家庭、工場、幸福などさまざまな場での「花」であると歌っている。女性が「花」としてあらゆる役割を果たす必要がある一方で、男性が何をするべきなのかはまったく歌われていない。

二〇〇〇年代に入ると北朝鮮の新しいガールズグループである牡丹峰《モランボン》楽団が結成された（二〇一八年に牡丹峰電子楽団と改称）。ボーカル、楽器演奏もすべて団員が担い、コンサート映像ではミニスカートの衣装を着用している。団員は士官待遇を受けているため、軍服をモチーフにした衣装には階級章が付けられ、ヘアスタイルも韓国や日本の女性アイドルのようにコテで巻いたようなロングヘアーではなく、ほとんどがショートカットである。楽曲は一九九〇年代に歌われていた家父長制を象徴するようなジェンダー観ソングではなく、北朝鮮の主体思想、先軍政治を称《たた》えるプロパガンダソングが多い。ＳＮＳでは微動だにしない北朝鮮の軍人たちの前で、ミニスカートを着用した牡丹峰楽団の団員たちが歌う映像を見ることができる。

現在の北朝鮮では金正恩の家族と側近の女性たちが華々しく政治や外交の場に登場する一方、女性応援団や牡丹峰楽団など、応援や鼓舞する役割として女性が用いられてもいる。しかし、このような女性の「活躍」が見える一方で北朝鮮の一般女性たちの姿は見えてこない。

私たちが目にしている北朝鮮の女性も、本当の姿といえるだろうか。彼女たちは、西側のフィルターがかかった状態であるともいえるだろう。現地の情報に対するアクセスが難しく、韓国やアメリカなどのメディアを通して入ってくる女性像であることを忘れてはならない。

COLUMN　南北分断のロミオとジュリエット『愛の不時着』

ドラマ『愛の不時着』DVDジャケット

『愛の不時着』（二〇一九年）は、ソン・イェジン、ヒョンビン主演の南北恋愛ドラマである。出生の秘密、金持ちと一般人という従来の韓国ドラマの王道とは異なり、朝鮮半島の南北分断を恋愛に絡める現代版ロミオとジュリエットともいえる。私たちがイメージする北朝鮮の実情とはやや異なり北朝鮮セレブが登場し、三八度線を警備する北朝鮮の軍人たちもかなりコミカルに描かれているが、そこはフィクションということで目をつぶっていただきたい。

ヒョンビンをはじめとするハンサムな韓国俳優が登場するがそれはおいておき、ソン・イェジンが演じるヒロインは財閥の庶子で、兄たちよりも優れているため父からは後継者に目《もく》されている。誰からも愛されていないと思っていたヒロインが、恋人や継母の愛を知って部下や北朝鮮で助けてくれた人々を愛するストーリーは、現代を生きる我々が忘れていた何かを気づかせてくれる。ヒョンビンの役が北朝鮮セレブという設定だからこそ成立するストーリーでご都合主義的な部分があるものの、南北双方でたくましく生きる女性たちの姿に注目していただきたい。

おわりに

一九世紀末から今日に至るまでの朝鮮半島の歴史は、激動の時代であった。本書で述べたように朝鮮半島の女性たちは活動し、憤り、悲しみ、喜び、そして戦った。いや、今も戦っている。

韓国では男女間の分断が進み、ここ最近では二〇一九年にN番部屋事件と呼ばれるサイバー性犯罪まで起きるようになった。N番部屋事件とはメッセンジャーアプリ内で性搾取映像などがやり取りされた、大規模な性犯罪事件である。女性たちは知らぬ間に被害者となり、身近な男性が加害者かもしれないという恐怖にさらされた。

この事件をきっかけに、韓国ではデジタル性犯罪担当部署新設、デジタル性犯罪処罰の見直しなどを求める国民請願が、大統領府ホームページに掲載され一〇万人が賛同した。またN番部屋の首謀者たちが逮捕され、被疑者のうち首謀者と言われている人物の身元公開などを求める国民請願には二五七万人が賛同した。このような世論を受け政府はデジタル性犯罪特別捜査本部を設けるなどの対応を決めた。最近ではAI（人工知能）を利用した、精巧な偽画像・動画「ディープフェイク」による性犯罪も起きている。尹錫悦政権が廃止を公約に掲げた韓国女性家族部の傘下団体に置かれた「デジタル性犯罪被害者支援センター」は、海外に流出したものを含め二四時間成人サイトを監視するシステムを構築し、削除要請をおこなっている。
また、一部ではあるが過激化した韓国のフェミニストがオンラインコミュニティで「男性嫌悪」を主張している。これに対抗するかのように男性側の「女性嫌悪」も高まり、男女間の分断や対立を招いている。

本書で「可視化」された女性たちは、今は見えない敵と戦う状況に追い込まれているのである。

一方で韓国社会は教育費・住居費の高騰などで安心して子育てできる環境が整わず、超少子高齢化社会となっている。かつて結婚することが当たり前で、男子を産むことが求められ、家にいることを求められた女性像とは、正反対の状況にある。とはいえ苦しみもがきながらも生き生きとした女性の姿がそこにある。

ドラマや映画の中で描かれる女性たちも、たくましく強《したた》かなキャラクターで登場することが増え、そのキャラクターに共感する視聴者がいる。本書でも取り上げたドラマ『愛の不時着』のヒロインは、恋愛をして男性に助けられ守られる存在であると同時に、女性で非嫡出子というハンディを背負いながらも財閥を率いる存在として描かれている。K－POPの女性アイドルも強く、たくましく、美しいイメージで多くの女性ファンを獲得している。このように韓国の女性像は目まぐるしく変化しているのである。「今」の韓国女性たちがどのような形で歴史に刻まれるのか、筆者としても見守っていきたいところである。

本書ではこのようにさまざまな時代・立場の女性たちにスポットを当てた。しかし、筆者の能力不足により抜け落ちてしまったもの、朝鮮における公娼制度などすでに研究が進み書籍も多く刊行されているものはあえて本書では扱わなかった。また朝鮮半島や韓国の歴史で重要な事件であるが、男性中心で論じられ概説書などに書かれているものについてもやはり意図的に外している。これらについてはご容赦いただきたいとともに、是非とも関連書籍を手に取ってご一読いただきたい。

本書は朝鮮半島の王族・皇族の女性たちからはじまり、エリート女性を経て、移民女性、韓国の一般女性へと、時代とともに身分や立場が変化する女性たちに目を向け、その歴史を明らかにした。常にこれら女性たちに向き合いながら原稿を書くなかで、彼女たちの声が聞こえてくる気がしたり、彼女たちと対話しているように感じることがあった。そして本書に書ききれなかった女性たちへも思いを寄せながら、原稿を執筆していた。歴史に向き合い、歴史から語り掛けられながら本書が書かれたことを、読者の皆様にも感じ取っていただければ幸いである。

歴史は脈々と続いている。本書が扱っているのは約一五〇〇年間という、人類の、地球の、宇宙の歴史からすればほんのわずかな時間かもしれない。それでも自分に渡されたバトンを次世代に渡していく使命がある。読者のなかには韓国ドラマやＫ－ＰＯＰをきっかけに、朝鮮半島の歴史や文化に関心を持った方も多くいらっしゃるだろう。

二〇二四年七月におこなわれた東京都知事選挙では、とくにＫ－ＰＯＰファンの方々が、興味深い選挙運動を展開していた。都知事選の最有力候補であり、この選挙で当選した小池百合子都知事は、関東大震災朝鮮人虐殺追悼式への追悼文を就任以来送っていない。小池知事の前任知事たちはみな送付していたにもかかわらず、追悼文を送らない「公約」を守り続けている。それに対して一部のＫ－ＰＯＰファンが、「#ケーポペンは追悼文送る知事を選びます」というハッシュタグを作成し選挙運動を展開したのである。このハッシュタグを目にしたとき、歴史のバトンが渡されていると感じた。「推し」を通じて知った歴史を日本のファンが「自分ごと」として考え、問題意識をもって行動していた。このハッシュタグ運動のように、日本で朝鮮半島の歴史に関心を持ち「自分ごと」と考える人々が増えているように感じる。

韓国の、そして朝鮮半島の近現代史は、日本の近現代史とも地続きである。女性たちの歴史を通じてそのことに気づき、「自分ごと」として歴史を考える方々が一人でも増えることを願ってやまない。

あとがき

本書は二〇一九年度に聖心女子大学で担当した講義「朝鮮近現代史」の内容に、加筆修正を加え書籍化したものである。聖心女子大学でこの講義を担当することが決まったのは二〇一八年度であった。史学科の講義・女子大・通年開講授業・二年度連続受講が可能というカリキュラムであることをふまえ、二〇一八年度は朝鮮近現代史を通史で、翌二〇一九年度は近現代の朝鮮女性史を扱うことに決めた。

学生たちの反応はとてもよく、「知りたい」「学びたい」という意欲をひしひしと感じた。なかには家族が韓国・中国に対する差別意識が強く、自分自身もこれらの国を怖い、いやだと思って育ってきたが、この授業を聞いて考えが変わったと泣きながら話してくれた学生がいた。また、大学入学後、韓国語を学んで韓国の歴史や文化に興味を持ち、卒業後に韓国の大学に正規学生として編入した学生がいる。その学生は韓国に行き筆者の授業内容を思い出したそうで、わざわざ連絡をくれた。久しぶりに会った学生は、日韓の青年をつなぐ活動の中心となっていた。留学先を卒業した後も大学院に進学し研究者を目指して邁進している。

彼女たちの反応や行動はもちろん、受講生が書いてくれる心のこもったリアクションペーパーは、歴史研究者として教育者としてとても励みになるものだった。学びたい、知りたい、考えたいという意欲の伝わる受講生の心を感じ、この授業の内容をいつか形にしたいと漠然と考えるようになった。しかし、それはそう簡単にはいかなかった。

二〇一五年三月に一橋大学大学院博士課程を修了し、二〇一九年には博士論文をもとにした書籍を刊行したものの、なかなか専任の職に就けず専業非常勤講師の生活が続いていた。そのようななか、新型コロナウイルスが世界中に蔓延し、父が要介護三になるなど、自分自身の生活を考えなおすタイミングが訪れた。決まらない専任の公募に出し続けることに疲れ、四十代後半に近づいてきたこともあり、四五歳になるまでに専任教員に就けなければ研究をやめて地元に戻ろうと決めた。

ところが研究は私を見捨てなかった。「これで最後」くらいの気持ちで出した公募で内定をいただき、二〇二二年四月から大阪産業大学国際学部に准教授として着任することになった。

着任して間もなく本書の出版が決まった。もともと韓国の研究者が書いた本を翻訳したいということで、慶應義塾大学出版会の村上文さんをご紹介いただき相談させていただいたところ、いろいろ状況が変わり本書の企画に行き着いたのである。村上さんのきめ細やかな対応、コメント、提案などに大変助けられた。原稿がなかなか進まないにもかかわらず忍耐強く待ってくださり、何とか出版にこぎつけられた。心より感謝申し上げたい。

また本書の内容へのコメント、校正を快く引き受けてくださったお茶の水女子大学大学院博士後期課程の大室恵美さんにも感謝申し上げたい。大室さんからは読者としての立場から、またジェンダーの問題、ファクトチェックや韓国現代史で触れるべきテーマなど、細部にわたって的確かつ建設的なコメントをいただいた。大室さんの存在なくして本書の完成はなかったといえる。

本書を刊行するにあたって、私のずっと先を歩いてこられた、朝鮮史を専門とする女性研究者の先生方の存在も支えとなった。とくに二〇二三年に亡くなられた宮田節子先生には、歴史に、朝鮮史に向き合う姿勢、宮田先生が大事にしてこられた日本と朝鮮との関係など、さまざまなことを教えていただいた。宮田先生が会長も務められた朝鮮史研究会の月例会の受付に座り参加費を受け取る筆者に、「あなた、いつも皆さんからきちんと参加費をもらって、偉いわね」と温かい声をかけてくださったことを今でもよく覚えている。宮田先生についで朝鮮史研究会の会長を務められた井上和枝先生にも、いつもいろいろ気にかけていただき月例会で先生とランチに行くことがとても楽しみだった。ジェンダーバランスに偏りがあるアカデミズムの世界で、大先輩である女性研究者お二方に身近に接することができた経験、お二方の研究成果は本書にも生かされている。ほかにも日頃からお世話になっている多くの先輩女性研究者の皆様の存在が、励みになった。

また、大学院時代の指導教員である糟谷憲一先生には、大学院在学中から修了後の今もなお大変お世話になっている。なかなか専任教員職が決まらない不肖の弟子を常に気遣ってくださり、締め切りぎりぎりで公募書類を準備する筆者からの推薦状作成のお願いをいつも快く引き受けてくださった。大阪産業大学から糟谷先生に筆者についての照会連絡があったとき、また内定をいただいた報告をした際には非常に喜んでくださった。ゼミ生の研究に誠心誠意向き合い、いつも的確なコメントをくださっていた先生のような研究者、教員になれるよう、これからも精進していきたい。

本書の執筆中、とても驚くことが起きた。二〇二四年四月～九月に放送されていたＮＨＫ朝の連続テレビ小説『虎に翼』の、朝鮮学生考証／朝鮮文化考証を引き受けることになった。日本初の女性弁護士である三淵嘉子氏をモデルにした主人公・猪爪寅子の同級生として、朝鮮からの女子留学生・崔香淑（さいこうしゅく／チェ・ヒャンスク）が登場するのだが、その登場人物に関連する考証を務めてほしいという依頼であった。子どもの頃から朝ドラをよく見ていたこと、朝鮮に限らず外地のルーツが「透明化」されていた朝ドラでついに朝鮮人が登場すること、自分の専門性が活かせることなどを考え、即答でお引き受けすることにした。まさかこれだけ話題をさらうドラマになるとは思わず、ＳＮＳ上の筆者の投稿にものすごく大きな反応があることに大変驚いた。お声がけくださったＮＨＫドラマ製作スタッフの方々、すばらしい脚本を書かれた吉田恵里香先生、主役の猪爪寅子を演じた伊藤沙莉さんをはじめとする出演者の皆様、とくに崔香淑を魅力的に演じられたハ・ヨンスさんに感謝申し上げたい。

最後に家族や友人たちへ感謝の意を伝えたい。以下、順不同で挙げさせていただく。なかなか専任が決まらない筆者を励まし支え、大阪行きを喜んでくれた両親、弟家族と甥姪たち、札幌の叔父・叔母たち。大学院生時代から専任非常勤時代にかけて東京の親代わりのような存在だった親族の金光男氏・趙英子氏ご夫妻。慶應義塾大学出版会の村上氏を紹介してくれた、中学生の頃からの友人でＣＣＣメディアハウス編集者の小林薫氏。ほかにもたくさんの方々に支えていただいた。

筆者はこれからも近代朝鮮の女子教育を主軸として研究を進めていくだろう。心が折れそうなとき、くじけそうなときには本書を支えにしていきたい。多くの人たちにとって本書がそのような存在になってくれれば幸いである。

本書は、日本学術振興会科学研究費助成事業「若手研究」：近代朝鮮における「婦人」の形成プロセスと女子中等教育（課題番号20K13162）、奈良女子大学アジア・ジェンダー文化研究センター二〇二二年度・二〇二三年度研究課題、日本学術振興会科学研究費助成事業「基盤研究（C）」：近代朝鮮における女性専門職に関する研究：教員・医師を中心に（課題番号24K04197）の成果の一部である。

参考文献

1　定期刊行物・学校・オンライン資料

新聞・雑誌・朝鮮総督府刊行物

『開闢』
『学生』
『京城日報』
『新女性』
『朝鮮総督府官報』
『朝鮮総督府統計年報』
『朝鮮日報』
『ハンギョレ新聞』
『別乾坤』
『毎日申報』

学校関係史料

全州公立女子高等普通学校『本校教育の実際』一九三六年

梨花１００年史編纂委員会『梨花百年史』梨花女子大学、一九九四年
慶北女子高等学校編『慶北女高70年史』慶北女子高等学校、一九九九年

オンラインデータベース

アジア歴史資料センター　https://www.jacar.go.jp/
韓国国家記録院　https://www.archives.go.kr/
韓国統計庁データベース　https://www.kostat.go.kr/ansk/

２　書籍・論文

日本語

アクティブ・ミュージアム「女たちの戦争と平和資料館」編『証言　未来への記憶アジア「慰安婦」証言集Ⅰ』明石書店、二〇〇六年
――『証言　未来への記憶アジア「慰安婦」証言集Ⅱ』明石書店、二〇一〇年
飯沼二郎・姜在彦編『近代朝鮮の社会と思想』未来社、一九八一年
李省展『アメリカ人宣教師と朝鮮の近代――ミッションスクールの生成と植民地下の葛藤』社会評論社、二〇〇六年
板垣竜太『朝鮮近代の歴史民族誌――慶北尚州の植民地経験』明石書店、二〇〇八年
李成市・宮嶋博史・糟谷憲一編『《世界歴史大系》朝鮮史』１・２、山川出版社、二〇一七年

稲葉継雄『朝鮮植民地教育政策史の再検討』九州大学出版会、二〇一〇年
井上和枝『植民地朝鮮の新女性――「民族的賢母良妻」と「自己」のはざまで』明石書店、二〇一三年
李賢晙『「東洋」を踊る崔承喜』勉誠出版、二〇一九年
林貞和「70年代キーセン観光反対運動の再考――キーセンへの眼差しに着目して」『女性学研究』三〇、二〇二三年
梅根悟監修、世界教育史研究会編『世界教育史大系5　朝鮮教育史』講談社、一九七五年
太田孝子『海峡を越えて――京畿高等女学校の思い出』春風社、二〇〇八年
緒方義広・古橋綾編『韓国学ハンマダン』岩波書店、二〇二一年
小田部雄次『李方子――韓国人として悔いなく』ミネルヴァ書房、二〇〇七年
梶村秀樹『朝鮮史の方法（梶村秀樹著作集第2巻）』明石書店、一九九三年
糟谷憲一「閔氏政権成立の歴史的背景」『朝鮮史研究会論文集』五四集、二〇一六年
――――『朝鮮の近代（世界史リブレット043）』山川出版社、一九九六年
糟谷憲一・並木真人・林雄介『朝鮮現代史』山川出版社、二〇一六年
加藤圭木監修、一橋大学社会学部加藤圭木ゼミナール著『「日韓」のもやもやと大学生のわたし』大月書店、二〇二一年
加藤圭木監修、朝倉希実加・李相眞・牛木未来・沖田まい・熊野功英編『ひろがる「日韓」のモヤモヤとわたしたち』大月書店、二〇二三年
韓国挺身隊研究所『よくわかる韓国の「慰安婦」問題』金英姫・許善子編訳、アドバンテージサーバー、二〇〇二年

金富子『植民地期朝鮮の教育とジェンダー――植民地期朝鮮の教育とジェンダー』世織書房』世織書房、二〇〇五年
金文子『朝鮮王妃殺害と日本人――誰が仕組んで、誰が実行したのか』高文研、二〇〇九年
権仁淑『韓国の軍事文化とジェンダー』山下英愛訳、御茶ノ水書房、二〇〇六年
駒込武『植民地帝国日本の文化統合』岩波書店、一九九六年
駒込武・橋本伸也編『帝国と学校』昭和堂、二〇〇七年
斎藤真理子『韓国文学の中心にあるもの』イーストプレス、二〇二二年
斎藤真理子責任編集『完全版　韓国・フェミニズム・日本』河出書房新社、二〇一九年
在日本大韓民国民団中央民族教育委員会企画・『歴史教科書　在日コリアンの歴史』作成委員会編『歴史教科書　在日コリアンの歴史』明石書店、二〇〇六年
申琪榮「ジェンダー政策の形成過程――理論的考察と韓国の事例」『国際ジェンダー学会誌』一一号、二〇一三年
新城道彦『朝鮮王公族――帝国日本の準皇族』中公新書、二〇一五年
宋連玉「ジェンダーの視点から見た韓国民主化」『ジェンダー史学』9巻、二〇一三年
――『脱帝国のフェミニズムを求めて――朝鮮女性と植民地主義』有志舎、二〇〇九年
多胡吉郎『空の神様けむいので――ラスト・プリンセス徳恵翁主の真実』影書房、二〇二二年
武田幸男編『朝鮮史（世界各国史 新版2）』山川出版社、二〇〇〇年
崔誠姫『近代朝鮮の中等教育――１９２０～３０年代の高等普通学校・女子高等普通学校を中心に』晃洋書房、二〇一九年

張芝延（横田伸子訳）「韓国の女性労働と労働運動――非正規職化を中心に」『大原社会問題研究所』五七二号、二〇〇七年
チョ・ナムジュ『82年生まれ、キム・ジヨン』斎藤真理子訳、筑摩書房、二〇一八年
朝鮮史研究会編『朝鮮史研究入門』名古屋大学出版会、二〇一一年
羅英均『日帝時代、わが家は』小川昌代訳、みすず書房、二〇〇三年
朴祥美『帝国と戦後の文化政策――舞台の上の日本像』岩波書店、二〇一七年
朴宣美『朝鮮女性の知の回遊（山川歴史モノグラフ10）』山川出版社、二〇一一年
波田野節子『李光洙――韓国近代文学の祖と「親日」の烙印』中公新書、二〇一八年
広瀬玲子『植民地朝鮮の愛国婦人会――在朝日本人女性と植民地支配』有志舎、二〇二三年
藤目ゆき「朝鮮戦争と女性――ＷＩＤＦ調査団が報告した民間人被害」『歴史評論』八八〇号、二〇二三年六月
古川宣子「植民地期朝鮮における初等教育――就学状況の分析を中心に」『日本史研究』三七〇号、一九九三年
――「植民地期朝鮮における中・高等教育」『日本植民研究』八号、一九九六年七月
裵姈美「１９２０年代における在日朝鮮人留学生に関する研究――留学生・朝鮮総督府・「支援」団体」一橋大学大学院社会研究科博士学位論文、二〇一二年
本間千景『韓国「併合」前後の教育政策と日本（佛教大学研究叢書8）』思文閣出版、二〇一〇年
真鍋祐子『増補　光州事件で読む現代韓国』平凡社、二〇一〇年
三ツ井崇『朝鮮植民地支配と言語』明石書店、二〇一〇年
水野直樹『創氏改名――日本の朝鮮支配の中で』岩波新書、二〇〇八年

水野直樹・文京洙『在日朝鮮人――歴史と現在』岩波新書、二〇一五年
宮田節子『朝鮮民衆と「皇民化」政策』未来社、一九八五年
文京洙『新・韓国現代史』岩波新書、二〇一五年
山口みどり・弓削尚子・後藤絵美・長志珠絵・石川照子編著『論点ジェンダー史学』ミネルヴァ書房、二〇二三年
弓削幸太郎『朝鮮の教育』自由討究社、一九二三年
尹明淑『日本の軍隊慰安所制度と朝鮮人軍隊慰安婦』明石書店、二〇〇三年
吉田光男『韓国朝鮮の歴史』放送大学教育振興会、二〇一五年
吉見義明『従軍慰安婦』岩波新書、一九九五年
吉見義明・川田文子『「従軍慰安婦」をめぐる30のウソと真実』大月書店、一九九七年
和田春樹『北朝鮮現代史』岩波新書、二〇一二年

韓国語（가나다順、但し読者の便宜を図り、日本語に訳した）
カン・ジュンマン『売春、韓国をはがす』人物と思想社、二〇一二年
東亜日報社編『東亜日報社史』東亜日報社、一九七五年
シン・ドンウォン「日帝強占期女医師許英粛の人生と医学」『大韓医学史学会』21巻1号、二〇一二年
アン・テユン「娘たちの韓国戦争」『女性と歴史』第7集、二〇〇七年
イ・ベヨン「日帝下女性の専門職進出と社会的地位」『国史館論叢』83集、1999年
チョン・ウニョン『朝鮮の娘、銃を持つ』人文書院、二〇一六年

チョン・ジニョン、ソン・ジンミ、ファン・ソンジュ「クォータ制導入20年——女性議員充員パターンの変化と持続」『NARS懸案分析』三一九号、二〇二四年
チョン・ジンソン『韓国現代女性史』ハンウルアカデミー、二〇〇四年
李正善『同化と排除——日帝の同化政策と内鮮結婚』歴史批評社、二〇一七年
朝鮮日報社編『朝鮮日報70年史　第一巻』朝鮮日報社、一九九〇年
韓国教育史研究会編『韓国教育史』教育出版社（ソウル）、一九九二年

ナ行

ハ行

マ行

ヤ行

ラ・ワ行

サ行

タ行

索　引

ア行

IMF 危機　129, 163–165, 169, 175
愛国啓蒙運動　18
愛国婦人会　22, 67–68, 101
李垠（イ・ウン）／英親王　15, 28, 30–32, 40, 42–43, 59, 153
李光洙（イ・グァンス）　15, 28
李承晩（イ・スンマン）　31, 84–85, 87, 92–93, 99, 101–104, 148, 168
李方子（イ・バンジャ）　15, 30–32, 34, 40, 59, 153
李韓烈（イ・ハンニョル）　114–116, 136
李姫鎬（イ・ヒホ）　101
李明博（イ・ミョンバク）　134, 169–170
李完用（イ・ワニョン）　16
慰安所　72–80
慰安婦・日本軍慰安婦　72–76, 78–81, 89–90, 122–127, 137, 172
乙未事変（イツビジヘン）　11–12, 14
李兌栄（イ・テヨン）　127–128
伊藤博文　16–17, 147
梨花（イファ）学堂・梨花女子高等普通学校　19, 25, 38, 41–42, 47, 126
梨花（イファ）女子大学　38, 41–42, 121, 126, 132, 172, 183
任永信（イム・ヨンシン）　99
英親王　→李垠（イ・ウン）
N 番部屋事件　189
LGBTQ ＋　179–180, 182–183
王妃閔氏　2–3, 5–15, 17, 22, 24
厳氏（オムシ）　→純献貴妃

カ行

開化派　5, 7
家族法　127–128, 131
韓国挺身隊問題対策協議会　123, 126
韓国併合　8, 17, 22, 28, 31–35, 62, 67, 69, 71, 130, 139–140, 147, 153
江南（カンナム）駅 10 番出口事件　176–177
帰国事業　156–158
妓生（キーセン）観光　127, 130–131
金日成（キム・イルソン）　57, 83–87, 93–94, 105, 185–186
金玉均（キム・オクキュン）　7–8
金敬姫（キム・キョンヒ）　93, 185
金正恩（キム・ジョンウン）　19, 57, 94, 158, 184–185, 187
金正淑（キム・ジョンスク）　93–94, 185
金大中（キム・デジュン）　101, 109–111, 113, 132, 165, 169, 175
金学順（キム・ハクスン）　122–123, 125
金活蘭（キム・ファルラン）　99, 121
金弘集（キム・ホンジプ）　7, 10
金与正（キム・ヨジョン）　184–185
金泳三（キム・ヨンサム）　113, 168
光州（クァンジュ）学生事件　45
光州（クァンジュ）事件　110, 112–113, 115–118

崔誠姫（チェ・ソンヒ）
1977年北海道生まれ。2001年東京女子大学文理学部史学科卒業、2006年一橋大学大学院社会学研究科修士課程修了、2015年一橋大学大学院社会学研究科博士後期課程修了、博士（社会学）。一橋大学大学院社会学研究科特別研究員、聖心女子大学ほか非常勤講師・日本女子大学客員准教授を経て、現在大阪産業大学国際学部准教授。専門は、朝鮮近代史、教育史、ジェンダー史。著作に、『近代朝鮮の中等教育――1920～30年代の高等普通学校・女子高等普通学校を中心に』（晃洋書房、2019年）がある。

女性たちの韓国近現代史
――開国から「キム・ジヨン」まで

2024年10月30日　初版第1刷発行
2025年2月21日　初版第3刷発行

著　者――――崔誠姫
発行者――――大野友寛
発行所――――慶應義塾大学出版会株式会社
〒108-8346　東京都港区三田2-19-30
TEL〔編集部〕03-3451-0931
〔営業部〕03-3451-3584〈ご注文〉
〔　〃　〕03-3451-6926
FAX〔営業部〕03-3451-3122
振替　00190-8-155497
https://www.keio-up.co.jp/
装　丁――――李潤希
印刷・製本――中央精版印刷株式会社
カバー印刷――株式会社太平印刷社

Printed in Japan ISBN978-4-7664-2989-3